英語教育世紀叢書

協同学習を取り入れた英語授業のすすめ

江利川春雄──編著

大修館書店

はじめに

　教師は教える人，生徒は教わる人。
　この常識がいま，くつがえりつつあります。各地の教室で，学習者同士が小グループで仲よく学び合い，ともに高め合う協同学習が取り入れられ，めざましい成果をあげているのです。
　教室では，自分一人では達成が困難な高度な課題に向かって，ときには仲間と議論し，ときには一人で黙々と考えながら，学びを深めています。互いの意見を聴き合う関係が生まれ，お互いの心が絆で結ばれていきます。協同学習では，学力が高まるだけでなく，お互いを認め合うことで人間関係力が育ちます。その結果，問題行動も，いじめも，不登校も激減するのです。
　英語科ではコミュニケーション能力の育成が求められています。でも，英語の発音を練習し，フレーズを覚えるだけで，コミュニケーションができるでしょうか。点数競争に追われて心がギスギスし，「あいつはウザイ」とか，「あの子はムカツク」といった不信や敵意がうずまく教室環境で，はたして心が通い合うでしょうか。
　間違えてもバカにされない。教室が安心できる自分の居場所になる。そうした環境の中でこそ，「積極的にコミュニケーションを図ろうとする態度」が育つのではないでしょうか。
　そう考えて，私たちは英語の授業に協同学習をどう取り入れればよいかを研究し，授業で試行錯誤を重ねてきました。その過程で協同学習の威力をあらためて実感し，その素晴らしさを全国の

仲間に伝えたいと思うようになりました。外国語を扱う英語授業での協同学習には固有の困難さがあり、独自のノウハウが必要です。ですから、「英語教師による英語授業のための協同学習の本」が必要だと考えました。そこで私たちは、これまでの研究と実践の成果を1冊にまとめることにしたのです。

本書をお読みいただければ、学習者同士がお互いに学び合い、励まし合いながら、高い目標に向かって切磋琢磨し合う協同学習こそが、英語によるコミュニケーション能力の向上に不可欠であることを理解いただけると思います。

学びをあきらめない子どもは崩れません。協同学習によって学びの面白さに目覚め、自分の存在価値に気づいた子どもたちは、問題行動に訴える必要がなくなります。教師の側も子どもへの理解が深まり、教員同士も学び合うことで同僚性が高まり、職員室の雰囲気が明るくなります。こうして学校はよみがえり、地域から信頼される学校になるのです。

私たちは、そうした授業改革・学校改革のノウハウを、英語科の授業実践に即しながら、提供したいと願っています。ただし、本書で書かれている協同学習の基本原理や指導法は決して英語科だけに限られたものではありません。少しアレンジすれば、他の教科でも大いに活用できるでしょう。

第1章では、協同学習の基本的な考え方と指導上の留意点を紹介し、それをふまえて第2章では英語授業での協同学習の進め方を初心者にもわかりやすく解説しています。

第3章から第6章までは、小学校外国語活動から中学・高校・大学の英語の授業での実践を紹介し、教材や指導法などを具体的に提示しています。ただし、各実践はそれぞれの学校種だけに限られているわけではありません。たとえば第3章2（実践報告①）で紹介している小学校での国際交流活動などは、中学校から大学

まで幅広く実践することが可能です。ですから，ぜひ学校種にとらわれずにお読みください。そのため巻頭には，本書で紹介する協同学習のタスク別・分野別・レベル別の「ナビゲーター・マトリクス」（xi ページ）を付けました。

　第7章では，個別の授業から学年や学校全体へと協同学習を広げていくための方法を，実践にもとづいて明らかにします。

　第8章では，協同学習についてよく出される質問を選び，Q&A 方式で回答しています。

　最後に，授業ですぐに使える協同学習の13の実践事例を学校種別・目標技能別に紹介しています。

　このほか，協同学習の「キーワード」に関する解説や，トピック別でヒントをもらえる「コラム」を添えています。

　本書の執筆は，いずれも全国でトップクラスの実践家が担当しています。それぞれの実践は，最新の学習指導要領や指導理論に対応したものとなるよう配慮されています。また，実際の授業で使った資料や図版なども多数盛り込んでいます。

　Eigo は i（愛）がなければ，ただの Ego です。「学び愛」の心で，仲間とともに成長し合う楽しさを生徒たちに実感してもらいたいと思います。

　本書が，英語科の授業をもっと深く楽しいものにし，生涯にわたって学びを楽しむ自律学習者を育てることに寄与できれば，これに勝る喜びはありません。

2012年7月

執筆者を代表して
江利川　春雄

『協同学習を取り入れた英語授業のすすめ』目次

はじめに ——————————————————————————— iii
執筆者一覧・執筆分担 ————————————————————— x
ナビゲーター・マトリクス ————————————————— xi

第1章 協同学習の基本的な考え方

1. 21世紀型の学びとしての協同学習 ———————————— 3
2. いま、なぜ協同学習なのか ——————————————— 4
3. 協同学習の理念 ———————————————————— 6
4. 協同学習の基本原理と導入法 —————————————— 8
5. 時代は競争から協同へ ————————————————— 19
   5-1 競争と「勉強」の限界 ——————————————— 19
   5-2 知識基盤社会に対応した協同的な学び ———————— 21
   5-3 協同と平等の学校改革へ —————————————— 23

第2章 英語授業での協同学習の進め方

1. 英語の授業に協同学習をどう取り入れるか ———————— 25
2. 協同学習を取り入れた授業モデル ———————————— 29
3. 英語授業で協同学習が必要とされる背景 ————————— 35
   3-1 英語力の低下と格差の拡大 ————————————— 35
   3-2 習熟度別授業の問題点 ——————————————— 37
   3-3 全員を伸ばす英語教育へ —————————————— 39

第3章 小学校外国語活動での協同学習

● 各実践の紹介とポイント ————————————————— 42
1. 〈実践報告①〉コミュニケーション能力の素地を育む ———— 44
2. 〈実践報告②〉国際理解教育で地球市民を育む外国語活動 —— 54

第4章 中学校英語授業での協同学習

- ●各実践の紹介とポイント────68
1. 〈実践報告③〉英語力とともに自治能力を高める────70
2. 〈実践報告④〉生徒同士をつなぐための授業デザイン────80
3. 〈実践報告⑤〉「学びの共同体」づくりと英語科での協同学習────90

第5章 高校英語授業での協同学習

- ●各実践の紹介とポイント────100
1. 〈実践報告⑥〉教材を深く読みとる─『独裁者』演説を使って────102
2. 〈実践報告⑦〉進学校での協同学習─苦労と工夫────112
3. 〈実践報告⑧〉プレゼンテーションとディスカッションの力を高める────122
4. 〈実践報告⑨〉ICTを活用した協同的な英語授業────134

第6章 大学英語授業での協同学習

- ●各実践の紹介とポイント────146
1. 〈実践報告⑩〉基礎から学び直す大学英語授業のしかけ────148
2. 〈実践報告⑪〉学生たちと創る大学の英語授業────161

第7章 学校全体での協同学習へ

- ●各実践の紹介とポイント────172
1. 〈実践報告⑫〉協同学習を学校文化に─中学での実践────174
2. 〈実践報告⑬〉高校で教科間の連携を図るための工夫────184
3. 〈実践報告⑭〉授業の質を高める研修計画と研究会とは────196

第8章 英語科協同学習Q&A

Q1 英語の基礎がわかっていないのに学び合いが可能か？——207
Q2 英語科にふさわしいグループ編成とは？——208
Q3 グループ活動をいやがる子どもがいるときは？——209
Q4 遅れがちな生徒がいるグループはどうする？——210
Q5 間違ったことを教え合うのでは？——210
Q6 日本語を使う機会が増えてしまうのでは？——211
Q7 一斉授業にこだわる同僚とどう関わるか？——212
Q8 学年で進度を統一させる場合，協同学習は可能か？——212
Q9 入試に影響が出ないか？——214

実践事例集

❶ Let's complete a calendar!——216
❷ What do we need?—ビンゴ——218
❸ 人間コピー機——220
❹ We Love Peace プロジェクト——222
❺ MISSION! 暗号を解読せよ!!——224
❻ ジグソーで物語を作ろう！——227
❼ 英単語しりとりゲーム——230
❽ 風が吹けば桶屋がもうかる——231
❾ 英語でどう言うの？——233
❿ Comic Strip（コマ漫画）——235
⓫ STORY TIME 怖ーい話づくり——237
⓬ 英語学習についての振り返り——239
⓭ もし無人島に行くならば——241

キーワード

「学びの共同体」づくり——5／協同・協働・協調——7／
背伸びとジャンプ——15／教師の同僚性——18

コラム

コラム①…多様な能力を生かす多重知能（MI）理論———24
コラム②…英語教育研究における協同学習の現状———40
コラム③…音楽科での協同学習———66
コラム④…教師の役割———99
コラム⑤…「LTD話し合い学習法」の威力———171
コラム⑥…教育大国キューバ———206

主要参考文献———————————————————243

おわりに—————————————————————251

索引———————————————————————253

●執筆者一覧・執筆分担 (五十音順)

*執筆者の所属が実践報告と違う場合,実践報告は執筆時のもの

江利川春雄 (和歌山大学教育学部) Erikawa Haruo
第1章,第2章,第3〜7章の「各実践の紹介とポイント」部分,
第6章〈実践報告⑪〉,実践事例❼,コラム①⑤⑥,全体の編集

沖浜　真治 (東京大学教育学部附属中等教育学校) Okihama Shinji
第5章〈実践報告⑥〉,第8章Q4/Q5/Q8,実践事例⓫

柏村みね子 (東京都文京区立音羽中学校) Kashimura Mineko
第7章〈実践報告⑫〉

竹下　篤子 (神戸市立鹿の子台小学校) Takeshita Atsuko
コラム③

竹下　厚志 (神戸大学附属中等教育学校) Takeshita Atsushi
第5章〈実践報告⑧〉,第8章Q9,実践事例❾

田中　智恵 (和歌山県立和歌山高等学校) Tanaka Chie
第5章〈実践報告⑨〉,実践事例❿

辻　伸幸 (和歌山大学教育学部附属小学校) Tsuji Nobuyuki
第3章〈実践報告①〉,実践事例❹,コラム④

德長　誠一 (北海道北見北斗高等学校) Tokunaga Seiichi
第5章〈実践報告⑦〉

根岸　恒雄 (埼玉大学大学院英語教育専修) Negishi Tsuneo
第4章〈実践報告⑤〉,第7章〈実践報告⑭〉,第8章Q2

船津　真理 (和歌山県紀の川市立貴志川中学校) Funatsu Mari
第2章2(授業プラン部分),第4章〈実践報告③〉,
第8章Q1,実践事例❸❺❻

町田　淳子 (小学校テーマ別英語教育研究会) Machida Junko
第3章〈実践報告②〉,第8章Q3/Q6,実践事例❶❷❽

村上ひろ子 (神戸市立葺合高等学校) Murakami Hiroko
第7章〈実践報告⑬〉,実践事例⓬

劉　崇治 (大阪府八尾市立高美中学校) Yoo Sungchi
第4章〈実践報告④〉,第8章Q7,実践事例⓭

亘理　陽一 (静岡大学教育学部) Watari Yoichi
第6章の「各実践の紹介とポイント」部分,第6章〈実践報告⑩〉,
コラム②

ナビゲーター・マトリクス

(本書で紹介する実践報告のタスク・分野別，内容・観点別リスト)

学校種	学習分野 実践報告(掲載ページ)	協同学習でめざすタスク・分野											取り組みの内容・観点							
		リスニング	スピーキング	リーディング	ライティング	ボキャブラリー	英語総合力	プレゼンテーション	ティーム作り	クリティカル・シンキング	ICT活用	ディスカッション	学びの共同体づくり	国際交流	平和教育	環境教育	人権教育	異文化理解	教科を越えた学び	地域研究
小	① (p. 44)		○		○					◎				○	○			◎	○	○
小	② (p. 54)					○												◎		
中	③ (p. 70)			◎		○	◎											○		
中	④ (p. 80)				○								◎					○		
中	⑤ (p. 90)	◎			◎		○													
高	⑥ (p. 102)	○	○	○	○										◎		○			
高	⑦ (p. 112)		○	○	○	○						◎								
高	⑧ (p. 122)	◎	◎	◎	○			◎												
高	⑨ (p. 134)		○		◎	○	○							◎				◎		
大	⑩ (p. 148)											○								
大	⑪ (p. 161)	◎	○						◎									○	◎	
総	⑫ (p. 174)			○	○								◎			◎			◎	
総	⑬ (p. 184)		○										◎							
総	⑭ (p. 196)												◎						◎	

＊◎は他の学校レベルでも採用可能な学びの手法です。

協同学習を取り入れた英語授業のすすめ

1 協同学習の基本的な考え方

1 21世紀型の学びとしての協同学習

　小人数グループでの学び合いによる協同学習（collaborative / cooperative learning）を取り入れた授業改革が急速に広まり、学力・学習意欲の向上や、いじめなどの問題行動・不登校・退学の減少など、各地でめざましい成果を上げています。

　協同学習を核とした学校改革である「学びの共同体」づくり（→キーワード①）を進める学校は、2012年には小学校で約1,500校、中学校で約2,000校（公立の約2割）、高校で約300校に達し、急速に増えています（佐藤, 2012a）。部分的に協同学習を取り入れている学校は、その数倍はあるでしょう。

　こうして、たとえば静岡県富士市立岳陽中学校では、不登校の生徒を38名から6名に減らし、学力を市内14校中の最底辺からトップレベルに向上させました（佐藤, 2006）。2006年度から協同学習を導入した広島県立安西高等学校でも、2003年度に87人だった中退者が2011年度には9人にまで減少し、4年制大学への進学者も4年間で15名から80名へと大幅に増加しています（広島県立安西高等学校, 2011; 佐藤, 2012b）。

　国際的な学習到達度調査（PISA）でトップレベルのフィンランドをはじめ、欧米の多くの国々で、旧来型の一斉授業ではなく、

小グループで学び合う協同学習が授業の基本スタイルとなっています。日本でも，2010年6月に閣議決定された「新成長戦略」では「子ども同士が教え合い，学び合う『協働教育』の実現」が盛り込まれました。文部科学省も2011年4月に発表した「教育の情報化ビジョン」で，一斉学習や個別学習に加えて，「21世紀にふさわしい学び」として「子どもたち同士が教え合い学び合う協働的な学び（協働学習）を推進すること」を明記しました。

このように，協同（協働）学習（→キーワード②）は21世紀型の学びのスタイルとして着実に定着しつつあるのです。

2　いま，なぜ協同学習なのか

いま，なぜ協同学習に期待が集まっているのでしょうか。

背景には，子どもたちの学びへのあきらめ，学力の低下，コミュニケーション能力の弱体化，そして近年の競争・格差政策で荒廃した教育の再生を求める教員の危機意識があるようです。

日本では2000年ごろから「新自由主義」にもとづく競争と格差の教育政策が強まりました。しかし，そうした政策は子どもを幸せにしませんでした。先進21カ国を対象としたユニセフの「子どもたちの幸福度調査」（2007）によれば，日本の子どもの幸福感は先進国では最低レベルであり，約30％が孤独だと感じています。幸福度世界一のオランダではたった3％です。

日本の競争主義的な教育制度が子どもの人格障害を招きかねないとして，国連は1998年と2004年に是正勧告を行っています。しかし，事態は一向に改善されません。中学3年生の30.4％に抑うつ傾向があるとの報告もあります。教師の精神疾患も，2000年から2010年の10年間で3.4倍に増加しています。

うつ病や胃潰瘍に苦しむ生徒や教師を増やす教育改革に，どん

キーワード①・・・「学びの共同体」づくり

「学びの共同体」づくりとは，協同学習を核にした学校改革で，学校を子どもが学び成長するだけの場から，教師・保護者・地域住民も学び成長する場へと変えていきます。

基本理念は，「公共性」「民主主義」「卓越性」で，①校長のリーダーシップによる全校的な取り組み，②授業の事例研究を中核に据えた学校経営，③教師の同僚性の強化，④保護者・地域住民の授業参加などに特徴があります（佐藤学，2006）。

「公共性」とは他者に対して寛容で，多様性を尊重することです。「民主主義」とは一人ひとりを主人公として，ジョン・デューイの言う「多様な人々が協同する生き方」を学校内で実現するための理念です。「卓越性」については，キーワード③「背伸びとジャンプ」（15ページ）を参照してください。

「学びの共同体」づくりは，教室を教科学習だけの場から，多様な考え方・能力・個性を持った人々と共に生きるための「民主主義の学校」へと変えることを意図しています。強制された「勉強」の苦痛ではなく，自らが主人公として「学ぶ」ことの楽しさを実感させることで，子どもたちは主体的に学び続ける自律学習者へと育ち，民主主義を担う主権者へと成長するのです。

そのために，教師は子どもの学び合う力を最大限に引き出し，授業改革を共に担う同志とみなします。教師は最低年1回は授業を公開し，保護者にも授業づくりへの参加を求めます。そうすることで，協同学習を核とした学校改革が可能になるのです。

な意味があるのでしょうか。子どもが幸福感を抱き，生涯にわたって学びを楽しむ，そんな方向へと舵を切りませんか。そのために，教育改革の原理を〈競争と格差〉から〈協同と平等〉へと

転換させましょう。

　そうした実例は，すでに世界各地にあります。たとえば，デンマークでは小学校でテストを行うことを法律で禁止しています。オランダには塾も受験も宿題も学力競争もありません。しかし，子どもたちの学ぶ力は高く，PISAの成績は日本と同レベルです。こうした好成績は，学力トップクラスであるフィンランドと同様に，協同と平等の原理で自律的な学習者を育てた結果です。

　これに対して，日本の子どもたちの成績は強いられた「勉強」によるところが大きいため，試験が済めば学びをやめてしまい，国民全体の教育レベルは高まりにくいのが現状です。これでは，知識基盤社会（→本章5-2，21ページ）に対応できません。

　しかし，日本の教育にも展望はあります。すでに見たように，政府・文部科学省も2010年頃から協同（協働）学習を推奨するようになりました。また，たとえば「大学全入時代」を好機と捉えて，現行のような大学入試制度を廃止し，ヨーロッパでは常識となっている高校卒業資格制度などによって入学を保障するシステムが，すでに検討段階に入っています（佐々木，2012）。そうした長期的な教育改革と連動させることで，協同と平等の原理を教育に持ち込むことができるのではないでしょうか。

　自分の偏差値だけに執着させる英語教育ではなく，「学び愛」によって心と心がコミュニケートし合う英語教育をめざしませんか。協同学習は，そのための重要な一歩なのです。

3　協同学習の理念

　協同学習を簡単に定義すれば，少人数集団で自分と仲間の学びを最大限に高め合い，全員の学力と人間関係力を育て合う教育の原理と方法だといえるでしょう。つまり，単なる技法や手段では

ありません。長年にわたって協同学習の実践と指導に取り組んできた杉江修治氏は，協同学習がめざす学力を次のように述べています（杉江, 2011, p.1）。

> 協同学習という学習指導の理論は，学び合いをうまく促すための手法を連ねたものを言うのではありません。子どもが，**主体的で自律的な学びの構え，確かで幅広い知的習得，仲間と共に課題解決に向かうことのできる対人技能，さらには，他者を尊重する民主的な態度**，といった「学力」を効果的に身につけていくための「基本的な考え方」を言うのです。「グループ学習が協同学習ではない」のです。　（強調は杉江）

キーワード②・・・協同・協働・協調

協同学習という用語や概念に関しては，さまざまな見解があります。たとえば，Barkley, *et al.* (2005) を邦訳した安永 (2009) では，cooperative learning を「協同学習」，collaborative learning を「協調学習」と訳した上で，両者の違いについての議論を紹介しています (pp.4-6)。また，collaborative learning を「協働学習」と訳す例がある一方で，佐藤学 (2011) はこれを「協同学習」と訳しています。「協同的な学び」という言い方もあります。さらに，最近は減りましたが，「共同学習」や「協力学習」といった表現もあります。

こうした用語や概念の規定は大切なのですが，あまり細かく分けると議論が複雑になりすぎますので，本書では原則として「協同学習」という用語で統一しています。

このように，協同学習は単なる技法や手段を超えた教育原理であり，指導・学習の理念です。ですから，知識基盤社会における「未来型学力」を考える上で重要な意義を持つのです。

　協同学習の魅力は，学びの楽しさを体感させ，学び続ける意欲を高めることです。教室内に「認め合う関係」が築かれていく中で，子どもたちに自尊感情が育ち，失敗を恐れず，自分たちで見つけた課題に果敢にチャレンジするようになります。こうして，生涯にわたって学びを楽しむ自律学習者が育つのです。

　協同学習の原理と共通点をもつ英語教授法としては，1970年代に登場した Humanistic Language Teaching（人間中心教授法）があります。Moskowitz（1978）は，言語は他者との関係を築き，社会的交渉を行うための方法であるとの考えにもとづいて，言語教育の社会的・集団的な側面を強調しました。その上で，教育は教師が「教え込む」ことから学習者が主体的に「学ぶ」ことへとシフトすべきであると提唱しました。また，学習者が他者とのコミュニケーションを通して，自分自身をも深く知り，自分と仲間に対する肯定的な気持ちを育て，友好的な人間関係を築かせることを重視する点でも協同学習の考え方に近い教授法です。

　また，日本では戦前の生活綴り方運動や戦後の無着成恭による「山びこ学校」の実践，班学習，バズ学習など，学習集団作りの伝統があります。こうした実践を尊重しつつも，協同学習は，リーダーを固定しない，全員が対等平等でグループ内での意見の一致を求めないなど，従来のグループ学習とは異なります。そうした点も念頭に置いて，協同学習の基本原理を紹介します。

4　協同学習の基本原理と導入法

　協同学習の原理と実践例については，米国のジョンソン兄弟や

日本の佐藤学氏をはじめ，様々な見解があります。これらを整理するとともに，私たちの経験もふまえて，日本の英語教育で実施可能な協同学習の基本的な原理と導入法を次の11項目にまとめました。

（1）建設的な支え合い
（2）グループ作りと机の配置
（3）小集団でコミュニケーション力育成
（4）個人の責任の明確化
（5）ハイレベルな教材やタスクの設定
（6）グループによる振り返り
（7）協同学習での評価法
（8）学びを深める教師に
（9）授業公開と教師の同僚性の向上
（10）自分の授業改革から全校的な改革へ
（11）保護者・地域住民の参加

以下で詳しく見ていきましょう。

（1）建設的な支え合い

個人の力では到達できない高い目標に向かって，仲間同士が良好な人間関係を築きながら建設的に支え合う関係（positive interdependence）を形成します。協同学習で最も重要な原理で，「互恵的相互依存」とも呼ばれています。

学び合い・教え合いが円滑にできるためには，気軽に尋ねられ，安心して間違いや失敗ができる人間関係作りが不可欠です。また，「教えることは二度学ぶこと」(Learners who teach learn twice.)（Jacobs, et al., 2002, p.18）であり，教えるためには豊富な知識，明快な伝達能力，柔軟で粘り強い態度が必要です。個人学習よりも，はるかに学びが深まるのです。

子どもは仲間に教え，仲間から学ぶ力を持っています。ベネッ

セ教育研究開発センター（2009）によれば，「英語学習でわからないことがあったとき」に中学生が行う学習方法のうち，第1位は「友だちに聞く」の61.1％で，2位の「辞書（電子辞書を含む）で調べる」の44.2％を大きく引き離しています。ちなみに3位は「家族に聞く」の40.2％，「学校の先生に聞く」は38.4％で第4位にすぎません。

　教師主導の一斉授業では，授業中に友だちに聞くことは「私語」とみなされ，普通は許されません。生徒がもっとも活用する学習方法を禁じているのです。協同学習では学習者同士の聴き合う関係を積極的に作り出すことで，学び合いを深めるのです。

　学習心理学の見地からも，授業中に教師の話を受け身的に聞くだけよりも，仲間同士で対話的に学ぶ方が学習内容の定着を促進することがわかっています。アメリカの国立訓練研究所（National Training Laboratories）が発表した「学びのピラミッド」（Learning Pyramid）によれば，教師が一方的にしゃべる「講義」形式では，学習定着率は5％程度にとどまると言われています。しかし，グループ討論などの協同的な活動を加えると，定着率が格段に向上するのです（図1-1）。

　全国の1万以上の授業を観察・指導してきた佐藤学氏は，「子

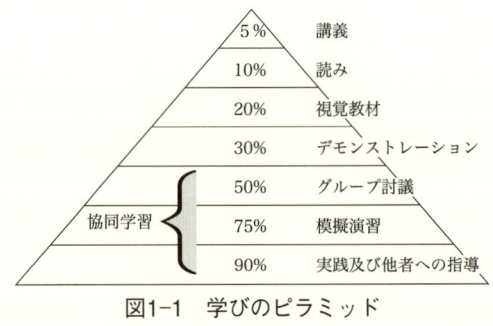

図1-1　学びのピラミッド

どもたちの学び合う関わりが、教師の指導力の5倍以上の力を発揮する」のであり、「教師だけで行い、生徒を引き入れない授業改革は必ず失敗する」と断言しています（佐藤, 2001）。教師は学習者のだれもが持っている聴き合い・学び合う力を引き出し、積極的に授業づくりに参画させることが必要なのです。

また、日本では習熟度別授業を行っている学校が少なくありませんが、これには多くの問題点があります（→第2章3-2、37ページ）。習熟度によって子どもを輪切りにしてしまうのではなく、得意な子と苦手な子とが建設的に学び合い、支え合うことが全員を伸ばすことにつながるのです。

(2) グループ作りと座席の配置

グループ作りは協同学習の成否に大きな影響を及ぼします。一般には学力レベルや認知特性（→コラム①）の異なる男女混合の4人が望ましく、前と隣は異性という配置が理想的ですが、男子だけ、女子だけでも十分可能です。5人以上ではリーダー的な生徒と、依存的な生徒が出やすくなります。逆に、3人以下だと議論が低調になり、学びの多様性が失われやすいようです。

メンバーの構成は、生徒の成績や人間関係などを考慮して、最終的には教師主導で作る場合が一般的です。当初から生徒に任せると、孤立する子どもや、おしゃべりグループができやすくなります。ただし、各班の代表者を呼んで意見を聞くことも大切です。生徒は教師が知らないクラスメートの性格や人間関係などの情報を提供してくれます（→第4章1 実践報告③）。グループは、活動の様子を観察しながら臨機応変に組み替えましょう。

教室の座席をコの字型に配列することで、教師が生徒一人ひとりに近距離で接し、聴き合う関係を作りやすくなります。活動内容によって4人グループやペアに移行させます。4人班では、欠

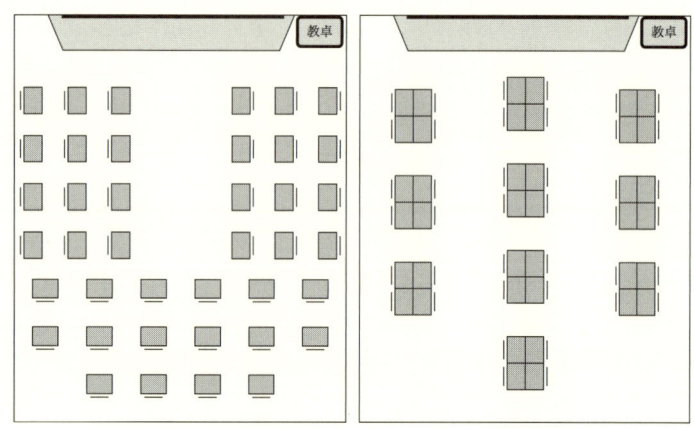

図1-2 コの字型(左)と4人班(右)の座席配置

席者の机も含めて隙間なく密着させ，筆箱などでお互いの境界線を作らないようにします。カバンなどは日ごろからロッカーに入れるよう指導します。

　課題，手順，所要時間が明確でないと無駄話などが増えます。集団での学びが成立しなくなったら，一斉授業に切り替えましょう。協同学習の技法に習熟するまでは，一斉授業と協同学習を効果的に組み合わせるなど，柔軟な授業運営が必要です。

(3) 小集団でコミュニケーション力育成

　「積極的にコミュニケーションを図ろうとする態度」の育成には，ギスギスした競争的な環境ではなく，対話的なコミュニケーション環境作りが必要不可欠です。相手の意見をよく聴き，自分の意見を受け入れやすいように伝える技術を学ばせます。言葉づかいを丁寧にし，とりわけ荒れた子どもには丁寧な言葉で接しましょう。「困る子」は「困っている子」であることを生徒たちに理解してもらいましょう。

(4) 個人の責任の明確化

　一人ひとりの責任を明確にし，集団への「ただ乗り」的な依存心を断つことが大切です。そのために，従来のグループ学習とは異なり，一般にはリーダーを決めないか，決める場合も輪番制にして，全員に責任を果たさせるのがよいでしょう。

　一人が欠けても成立しない「ジグソー」（→実践事例❻）などの活動を通じて，個人の責任意識を高めることが必要です。たとえば，英文の内容を発表するタスクでは，文章を4分割して4人に配分し，各自に担当部分への責任を負わせます。同じ部分の担当者同士を集めて専門チームを作り，そこで内容を相談させれば，不得意な生徒でも責任を果たせます。「自分が仲間の役に立っている」という自覚が，居場所感を育てるのです。

　一般に，学力の低い子どもほど自分ができないことを隠したがり，質問や意見を言わない傾向があります。その場合でも，その子の特性が発揮できる課題を与えて責任を果たさせましょう。その際には，できる子が「教えてあげる」のではなく，苦手な子が「ここはどうするの？」と尋ねられる関係を作ることが重要です。

(5) ハイレベルな教材やタスクの設定

　協同学習が成立しない要因のひとつは，教材やタスクが易しすぎることです。一人の力では到達できないような高いレベルの課題を設定し，目標達成のためのコミュニケーション力と，助け合いによる人間関係力を必要とするような課題設定が大切です（→第2章1(6)）。ただし，協同学習には基礎的なレベルの「共有の課題」もあります（→15ページ，213ページ）。

(6) グループによる振り返り

　自分たちの活動をグループ全員で振り返ることで，深い学びが

できたか，良好な協力関係を築けているか，次の活動の課題や解決法は何かなどを話し合い，問題意識と今後の課題を共有化します。ただし，従来の班活動とは異なり，各自の多様な考え方を尊重するために，意見の統一を無理に求めません。

図1-3　グループによる振り返り

　各個人の貢献度を評価するだけでなく，次に向けて仲間の積極的な活動を引き出すことがポイントです。話し合いをふまえて，「振り返り用紙」に記入します。

(7) 協同学習での評価法

　協同学習での成績評価は，基本的に「個人得点＋頑張ったグループへのボーナス得点」でなされます。

　グループ得点の出し方には，単純に平均点の高いチームの勝ちというやり方もありますが，むしろ，出発点の得点よりもどれだけ伸びたかの伸び率で算出するほうがよいようです。つまり，20点しか取れなかった子が40点を取ったら，その差の20点の伸びを評価するわけです。ですから，伸び率が大きいと，班の平均点がトップでなくても優勝することができるのです。

　他にもたくさんの協同的な評価法がありますので，詳しくはJacobs, *et al.*, 2002（邦訳『教師のためのアイディアブック』）の評価法などを参考にしてください。

(8) 学びを深める教師に

　学習目標と課題，そのための基本手順と評価規準を明示し，学習者が自主的・主体的に学びに取り組めるように方向付けします。

その場合，1回の授業の分だけでなく，1～2カ月先までの中期的な，また学期や学年を通しての長期的な目標やプロジェクト課題を同時に提示しておくとよいでしょう。そうすれば，1回の授業内で課題が早く終わってしまっても，引き続き中期的，長期的な課題に向かって活動することができるからです。

　学びが深いと教室は静かになります。学びの深まりを妨げない

キーワード③・・・背伸びとジャンプ

　協同学習では一人の力では到達できないような高いレベルの課題を設定し，仲間同士で協力しながら，「背伸びとジャンプ」を重ねて目標に到達させます。その理論的背景には，ヴィゴツキーの「発達の最接近領域」（ZPD）の考え方があります。

　個人と集団がベストを尽くし，卓越性を追求することで，豊かな成果と，労苦に応じた「学びの快楽」を得ることができるのです。たとえば，英単語を覚えられない生徒は，単調なドリルだけではすぐ飽きてしまいますが，スキット作りや自己表現活動などの仲間との高度で創造的な活動を行うことで，必要な単語を習得し，達成感を得るのです（→38ページ）。

　「背伸びとジャンプ」を伴う活動には，発問の工夫，教科書の内容を深める討論，自己表現活動などが必要です。ときには教科書レベルを超えた言語材料や深く考えさせる題材を用いるのもよいでしょう（→27ページ）。

　ただし，「背伸びとジャンプ」を伴わない活動もあります。協同学習には，答え合わせなどの単純作業を集団で行い，授業効率を高める「個人学習の協同化」も含まれるのです。基礎的な内容の「共有の課題」を授業の前半に，「背伸びとジャンプ」を伴う活動を後半に配置するのもよいでしょう。

よう，教師はテンションを下げ，声も小さくするのがよいでしょう。かつては「教師は元気はつらつ，声でかく」などと指導していましたが，教室が騒々しくなり，深い学びを妨げます。

　授業計画はシンプルにし，その分だけ生徒との関わりを濃密にしましょう。いつも教壇に立つのではなく，生徒一人ひとりの学びの様子が分かる位置に身を置くのがよいでしょう。

　教師は学びのコーディネーターとしてグループ間を巡回し，問題解決に近づけるためのヒントを与えたり，議論が脇道にそれないよう働きかけることも必要です。問題を抱えた生徒との接触には特に留意しましょう。

(9) 授業公開と教師の同僚性の向上

　すべての教師が授業を公開し，協議の場を重ねて，授業改善に一丸となって取り組みましょう。学校の「荒れ」の原因は授業の質の低さに加えて，教師集団の連携が不足している場合が多いようです。これらを打開するためには，授業をお互いに参観し合い，仲間として学び合い・支え合うことで，教師の同僚性（collegiality）(→キーワード④) を高めることが大切です（→実践事例⓮）。恥も失敗もさらけ出し，一人の成長をみんなで喜び合うことで，お互いの信頼が生まれるのです。教師の協同が生徒の協同のカギなのです。

　これまでの授業参観は教員の指導技術の優劣を観察しがちでしたが，協同学習では子どもの学びが深まっているか否かに焦点を当てます。そのため，教室の後ろからではなく前から，あ

図1-4　意見を観点別に整理し，班ごとに発表

るいはグループの近くから学びの様子を観察することが大切です。

参観後の研究協議会では、全員が発言しやすいように少人数のワークショップ型を取り入れるとよいでしょう。また、公開授業に先だって研究課題や観点などを明らかにしておき、参観者に「良かった点」と「改善すべき点」を書き込む2つの色分けされたポストイット（付箋紙）を配っておけば、参観や協議会はさらに実り多いものになるでしょう（図1-4）。

(10) 自分の授業改革から全校的な改革へ

授業参観と研究協議会を学校経営の中心にすえるためには、会議、書類作成、校務分掌などをできるだけスリム化する必要があります。そのために、校長のリーダーシップによる全校的な取り組みや、教育行政の理解が必要です。

ただし、管理職や学校全体が協同学習への認識に乏しい場合には、まずは自分のクラスから始め、実績を示しながら徐々に仲間を増やしましょう。同僚を誘って先進的な学校を見学したり、地域の学校と経験を交流することも大切です（→第8章Q&A5）。

(11) 保護者・地域住民の参加

子どもの学びには家庭や地域の協力が欠かせません。また、教師自身が学べ、保護者や地域住民も学べる学校づくりを目指しましょう。学校がすべてを抱え込むのではなく、保護者と地域住民、さらには行政や研究者などと連携し、知恵と労力を出し合うことで、学校を核とした地域的な「学びの共同体」をつくりましょう。

そのために、たとえ荒れていても、学校や授業を積極的に公開する必要があります。留学生や在日外国人などとの交流活動も、開かれた学校づくりには大切です。

生徒や保護者・地域住民にも学校の当事者であるという意識を

持ってもらいましょう。フランスでは職員会議に生徒代表と住民代表を参加させることが義務づけられています。日本でも，生徒，教師，保護者・地域住民のそれぞれの代表が学校の運営方針を話し合う「三者協議会」を取り入れた学校改革が成果を上げています（宮下，2004，宮下ほか，2008）。こうした活動を広げていきましょう。

キーワード④・・・教師の同僚性

授業改善や学校改革を成功させるためには，教師同士が専門能力を磨き合い，働く仲間として協力し合う「同僚性」(collegiality)を高める必要があります。そのために，すべての教師が授業を公開し合い，研究協議会でお互いを磨き合います。こうした共同作業を通じて，教員同士の相互理解と信頼関係が高まるのです。教師の同僚性を高めることで，学校が居心地の良い空間になります。あたかも恋人に会いに行くかのような気持ちで学校に向かえれば，ストレスによる病休や早期退職も減少するでしょう。

そうした職場環境を作るために，教師に時間的・精神的なゆとりを与える必要があります。千葉県教委などが取り組んでいるように，教育行政や管理職は，授業以外の教員の仕事の削減や，クラスサイズの縮小と教員の増員などに取り組むことが必要です。各教育委員会の多忙化対策については，文部科学省のサイトに掲載されている「教員の勤務負担軽減に関する教員委員会における取組」（2010年11月現在）が参考になります。

また，教師の同僚性は対等平等の原理に立脚します。そのため，教育行政や管理職による職務命令のような一方的なやり方や，主幹教諭や指導教諭といった上意下達的な職階制度を見直すことも必要でしょう。

5 時代は競争から協同へ

5-1 競争と「勉強」の限界

　協同学習ではメンバー全員が同時に達成できる目標を設定し，助け合い，切磋琢磨しながらゴールに到達します。他方，従来型の「競争」では仲間が勝ち組・負け組に分裂させられます。現行の入試制度などがその典型で，集団の一部がゴールすると残りの人たちは排除される仕組みになっているのです。そのため，勝つ可能性がないと思った子どもたちは，あきらめてやる気を失ってしまいます。これが「学びからの逃走」を引き起こす元凶です。

　自律的な学びにとって，もっとも障害となるのが強制的な勉強と競争であり，その結果としての格差です。試験による強制は，一時的には学力が向上するように見えますが，反動として学びを嫌悪し，生涯にわたる持続的な学びの意欲を阻害する場合が多いのです。

　日本を含む東アジア諸国（中国，韓国，台湾など）では，科挙以来の伝統によって，試験の合格を目標に，試練としての「勉強」を人生の成功＝立身出世の手段として行ってきました。さらに，儒教的伝統による教師の権威によって，教師主導の一斉型の「講義」への服従を可能にさせてきました。それは生徒にとって苦役であり修業でしたが，経済が右肩上がりの高度成長期には，その見返りとしての高学歴による出世が期待できました。ですから，苦役としての勉強を我慢したのです。

　しかし，1970年代後半には，その幻想が崩れました。佐藤（1999, p.25）は次のように分析しています。

> 勉強による社会移動のメリットとその幻想は，高校と大学への進学率がほぼ頂点に達した20年前〔1970年代後半〕に，一部の優秀な子どもを除けば消滅している。それどころか，多くの子どもにとって学校は，親よりも低い教育歴と社会的地位へと転落する挫折の場所となっている。勉強の時代の終焉である。学びが競争において意識される限り，勉強の拒絶と勉強からの逃走は当然の現象なのである。

ですから，強制的な勉強や試験という外圧だけでは，もう大半の子どもは動きません。さらにコンピュータや携帯端末によって大量の情報が瞬時に入手できる時代ですから，教師が知識を切り売りするような講義型の一斉授業はもはや通用しないのです。

高校，とりわけ進学校の英語授業では，旧制中学以来の伝統である教師主導の一斉型による教科書の訳読と日本語による文法や背景の解説がかなりの比重を占めているようです。これまでは，大学入試のためと割り切って，生徒もそうした授業に耐えてきました。もちろん伝統的な指導法にも存在意義はあるのですが，18歳人口の減少による「大学全入」時代の到来によって，「旧式授業の最後の牙城」たる進学校の授業も大きく変革を迫られています（→第5章2　実践報告⑦）。いまや私立大学の過半数の学生は，推薦入試やAO入試によって学力試験を経ずに入学しています。もはや「入試に出るぞ！」といった脅しだけでは，生徒は学ばなくなりつつあるのです。

逆に，推薦入試やAO入試では対人的なコミュニケーション能力が重要な評価対象になります。その点では，協同学習によって日ごろから対話や討論の経験を経てきた生徒の方が有利なのです。

競争的な環境でではなく，「協同と平等」の環境，つまり仲間

と安心して失敗でき挑戦できる教室空間で，主体的な学びの面白さ（学びの快楽）を実感させることこそが，子どもたちを生涯にわたって自律的に学び続ける人間に育てるのです。

　Johnson, et al.（1994）によれば，競争的な関係や個別学習の場合よりも，協同的な関係の下での集団的な学びの方が，優れた学力，高次の推論能力，協調的な交友関係，異なる意見への寛容さ，自分への信頼，精神面での健康などを促進することが明らかになっています。

　こうして，今日では企業経営や軍隊組織に至るまで協同的に支え合うチーム作りが推奨されています（小林，2007）。授業づくりにおいても，グループ内の人間関係を円滑にするために，チーム・ビルディングの手法を使いましょう。「英単語しりとりゲーム」や「人間コピー機」などを行えば，大いに盛り上がりながらメンバーの人間関係が向上します（→実践事例❸❼）。

　北欧を中心に，世界の教育改革は競争や格差ではなく，協同と平等の原則へと舵を切り替えています。

　　Less is more.（少ない量で豊かに学ぶ）

　フィンランドをはじめとする教育先進諸国では，教育は「量」の時代から「質」の時代へと突入しています（佐藤学・和歌山大学教育学部附属小学校，2009, p.13）。それが，国際学習到達度調査 PISA での高い成果につながっているのです。

5-2　知識基盤社会に対応した協同的な学び

　17世紀に確立したといわれる対面型一斉授業は，画一的な大量生産を特徴とする「産業社会」時代の遺物となりつつあります。朽ちた土台の上で，旧式の競争主義的な「改革」を続けても成果が上がらないことは，たとえば福田（2006, 2007）などの研究

からも明らかです。

時代がいわゆる「知識基盤社会」(knowledge-based society)へと変化しつつある現在では，高度の総合的な知識，世界の多様な人々とのコミュニケーション能力，創造的な思考，問題の発見と解決能力を育てる授業スタイルが求められています。経済協力開発機構（OECD）は，これからの世代が身につけるべき主要能力（key competencies）として，①社会・文化的，技術的ツールを相互作用的に活用する能力，②多様な社会グループにおける人間関係の形成能力，③自律的に活動する能力の3つを挙げています（図1-5）。PISAの出題内容は，この新しい能力観にもとづいています。

こうした新しい学力観をふまえるならば，いま日本の英語教育に必要なことは，生涯にわたり主体的かつ協同的に学び続ける「自律学習者」を育成することです。そのために，旧来の画一的な一斉授業のスタイルから脱皮し，協同的で自律的な学びのスタ

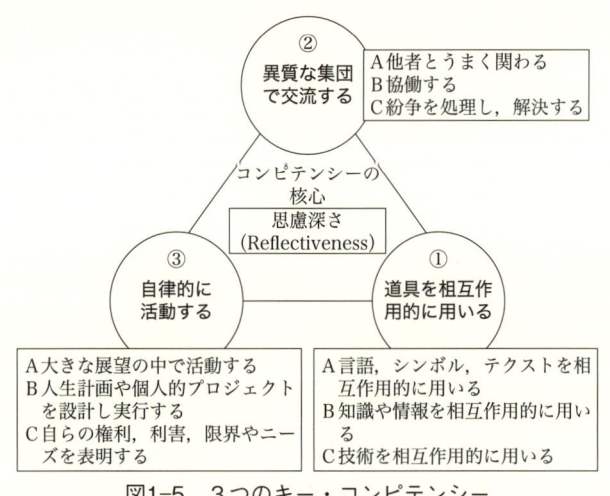

図1-5　3つのキー・コンピテンシー

イルを取り入れる必要があるのです。

5-3　協同と平等の学校改革へ

　協同学習は，教科指導の場であると同時に，多様な考えや個性を持った人々と共に生きるための練習の場です。言い換えれば，民主主義を学び合い，民主的な社会変革を担う主権者を育てる場です。

　子どもたちに，主体的で協同的に学ぶことの楽しさを実感させ，生涯にわたって学び続ける自律学習者へと育てましょう。

　しかし，協同と平等の原理に基づく協同学習を定着させることは，現在の日本では必ずしも容易ではありません。子どもたちは苛烈な競争とエゴが渦巻く現実社会に身を置き，他者と競り合う受験や就活が目の前に控えているからです。また，近年は習熟度別授業の推進によって，多様な生徒同士の学び合いを経験する機会が狭められ，学力格差と歪んだ差別感・優劣感が助長されています。

　これらを是正することが急務です。本書では，第6章の柏村実践（→実践報告⑫）で，習熟度別クラス編成をやめて全校を挙げて協同学習に取り組んだ実践が紹介されています。

　また高校では，とりわけ進学校において協同学習と受験指導とをどう両立させるかが大きな研究課題です。そうしたニーズに応えるべく，本書第5章3の徳長実践（→実践報告⑦）では進学校における協同学習の貴重な取り組みが紹介されています。

コラム① 多様な能力を生かす多重知能（MI）理論

　多重知能（Multiple Intelligences: MI）理論は，1983年に米国のハワード・ガードナーによって提唱されました。彼は，「人は皆それぞれ一組の多重知能を持っており，少なくとも8〜9つの知的活動の特定の分野で才能を大いに伸ばすことができる」と述べています。ですから，英語の能力も「テスト知能」だけではなく，それ以外の多様な知能をも評価し，生かしていくべきなのです。そうすることで，一人ひとりを尊重し，各自の能力を最大限に発揮させることができます。

1. 言語的知能…話しことば・書きことばへの感受性，言語学習・運用能力など（作家，演説家，弁護士など）
2. 論理数学的知能…問題を論理的に分析したり，数学的な操作をしたり，科学的に究明する能力（数学者や科学者など）
3. 音楽的知能…リズムや音程・和音・音色の識別，音楽演奏や作曲・鑑賞の能力（作曲家や演奏家など）
4. 身体運動的知能…体全体や身体部位を問題解決や創造のために使う能力（ダンサー，俳優，スポーツ選手，工芸家など）
5. 空間的知能…空間のパターンを認識して操作する能力（パイロット，画家，彫刻家，建築家，棋士など）
6. 対人的知能…他人の意図や動機・欲求を理解して，他人とうまくやっていく能力（教師，外交販売員，政治指導者など）
7. 内省的知能…自分自身を理解して，自己の作業モデルを用いて自分の生活を統制する能力（精神分析家，宗教的指導者など）
8. 博物的知能…自然や人工物の種類を識別する能力（生物学者，環境・生物保護活動家など）

　このように人間の知能は多様で重層的ですから，英語教授法や指導法は，ある人には効果的でも，他の人にはあまり効果がないことがあります。ですから，全員一律に対面型一斉授業を行うよりも，グループ活動によって各自が得意とする知能を生かし合い，相互に補い合えば，1＋1＋1＋1が4ではなく，5にも10にもなり得るのです。
（林，2011参照）　　　　　　　　　　　　　　　　　　　（江利川春雄）

2 英語授業での協同学習の進め方

1 英語の授業に協同学習をどう取り入れるか

　英語科の授業に協同学習を取り入れるには，他の教科とは異なる固有のノウハウが必要です。それは，外国語である英語を習得するための技能訓練が必要である上に，学習途上の未熟な英語を使って話し合うことが困難だからです。こうした点に留意しながら，英語の授業に協同学習をどう取り入れるかを提起します。

(1) 一斉授業と協同学習の組み合わせ

　たとえば，発音や新出の文法事項の指導などは教師主導の一斉授業の方が効果的な場合もあるでしょう。しかし，習った事項を実際の英語表現に応用する活動では，ペアやグループによる協同学習が威力を発揮します。仲間との実際のコミュニケーションを通じて英語の理解や運用力を高めます。

(2) 日本語による話し合いも

　母語による思考力と英語による表現力とは大きく乖離しています。ですから英語のトレーニングではペアやグループでの英語使用を促し，仲間同士の話し合いでは日本語の使用も認めましょう。2013年度から実施される高校学習指導要領では，「授業は英語で

行うことを基本とする」という方針が盛り込まれました。しかし，「指導要領解説」では，文法指導などは日本語を用いてもよいとされるなど，「授業は英語で」は絶対的な原則ではありません。生徒の学力や志向は多様ですから，実情に応じて英語と日本語の使い分けが必要です。

協同学習に必要な高度な意思疎通や議論を深めるために，グループ内での話し合いには日本語の使用も認め，プレゼンテーションや質疑応答などの場面では英語使用を促すなど，柔軟な対応が必要です（→第8章Q&A4）。

(3) 到達目標・課題・評価基準を示す

毎回の教科書の進度だけではなく，たとえば自分が気に入ったものを英語でプレゼンするShow & Tellの発表会を4週間後に設定し，そこに向けて仲間の協力を得ながら，①発言内容のマッピング → ②英訳 → ③リハーサル → ④発表 → ⑤評価と振り返り，の順で行います。このように，短期的（1回の授業）・中期的（数週間）・長期的（1学期程度）の目標・課題を同時進行で進めることで，短期的な課題が終わってしまった生徒も，中・長期的な課題に向けて学びを続けることができます。

(4) 相談タイムの設定

教師主導の講義型を中心に進める場合でも，節目ごとに課題を生徒に投げかけて隣近所で相談させたり，グループでのミニ討論の時間を取り入れると，内容の定着が促進されます。

(5) 活動例

英語科の各領域には，協同学習を用いた活動例がたくさんあります。詳しくは，巻頭の「ナビゲーター・マトリクス」や巻末の

実践事例集をご覧ください。以下は一例です。
　①単語　班対抗！英単語しりとりゲーム（→実践事例❼）
　②音読　センスグループごとに班でリレー音読
　③読解　ジグソーによる集団的な読み取り（→実践事例❻）
　④作文　ブログを使った海外の高校生との文通（→実践報告⑨）
　⑤会話　Show & Tell, Triangle Discussion（3人で3分間会話を持続）
　⑥総合　ショートムービーの作成（→実践報告⑪）

(6) 教材とタスクを深める

　近年の検定英語教科書は日常会話の比重が高まり，深い内容の教材に乏しいため，学びの質を高めにくいのが現状です。佐藤学氏は「協同的な学びによる授業の改革に取り組んで，一番むずかしいのは英語の授業改革」であり，その理由は「根本的に言語＝道具・技能説があるから」で，「教科書に内容がない」ためだと述べています（ラボ教育センター，2011, pp.140-141）。

　英語科において「背伸びとジャンプ」（卓越性）をともなう質の高い学びを実現するためには，語彙や文法・文型といった「共有の課題」を協同的にトレーニングし合うのみならず，平和，民主主義，人権，環境，言語文化，人間愛，文学などの内容豊かな教材を掘り下げて扱うことが必要です。第5章の**実践報告⑥**では，「『独裁者』の演説」を使い，学び合いで教材を深めています。

(7) 高校の保守性・教科の壁の克服

　高校（特に進学校）では，受験を主な理由に，教師主導の知識一斉注入型，教科書解説中心，文法訳読中心，板書中心，同一進度などの保守的な授業スタイルが多いようです。しかし，「堀川の奇跡」と呼ばれた京都市立堀川高校の学校改革のように，協同

的でプロジェクト探求型の授業が驚異的な進学実績を上げている例もあります（荒瀬，2007）。また，教科の壁を越え教師の同僚性を高めることで，生徒も教師も共に学び成長し合う学校改革を進めている事例もあります（→第7章2 実践報告⑬）。

(8) ボトムアップによる協同学習の導入も

協同学習の実施に関しては校長などによるトップダウンの導入が推奨される場合が多いようです。他方で，校長の指示なしには協同学習が進まないというのでは授業改革が停滞してしまいます。また，特に高校では教科と教員の独自性が強いので，校長によるトップダウンで協同学習を導入しようとすると，かえって教員の反発を受ける場合があります。

英語科ではペアワークやグループワークに慣れている教員も多いので，まず一人ないし有志で協同学習を取り入れて，成果を確認しながら周囲に広げていくボトムアップ式をとることも可能です。学校の実情に応じた導入法を工夫しましょう。

(9) 特別な支援を必要とする生徒への対応

協同学習は，障害のある子とない子とが一緒に学び合うインクルージョンに効果的です（涌井恵ほか，2006）。それは，協同学習が障害のあるなしにかかわらず，一人ひとりの個性をポジティブに認め合い，助け合う学級集団を育てるからです。

障害があっても特性に応じた役割を果たしてもらうことで自尊感情が育ち，学力が高まります。もちろん，対人関係やコミュニケーションなどに困難を抱えている子や，学ぶ速度が遅い子など，特別な支援を必要とする子どもとの協同学習には配慮と工夫が必要です。対応例をいくつか示すならば，サポートの必要な子の特性を他のメンバーに理解してもらいます。黒板に授業の流れを書

き，何をどんな順序で行うのかを明示します。学習意欲や注意集中が途切れないよう，ペアワーク，視覚教材，ワークシート，ロールプレイなどの多様な活動を取り入れます。文字認識に障害がありｂとｄの識別が困難な子の場合などは，針金やモールを使って手の感覚で覚えてもらうなどの工夫が必要です。音に過敏な子どもがいる場合には，机の移動に伴う騒音やCDの音量などに注意し，近隣のグループとの間隔を空けます。

(10) 旧式の教室環境の改善

40人近い大規模クラス，黒板とチョークしかない旧来型の教室環境を改善し，ビデオプロジェクター，パソコン，電子黒板などのICT機器，各種辞書，事典などの基本図書の常設などの学びの環境づくりが必要です。

とりわけ英語科では音声を扱いますし，海外の風物を映像で紹介することも必要ですから，それにふさわしい設備や専用教室を要求しましょう。

2 協同学習を取り入れた授業モデル

次に示すのは，協同学習を取り入れた50分の英語授業の例です。和歌山県紀の川市立貴志川中学校の船津真理先生（第4章2 実践報告③担当）が3年生に対して行った実践で，20個のヒントの英文を5文ずつに分け，エキスパートグループで英文の意味を確認します。その後，ホームグループでヒントを出し合い，アイドルをストーカーから救い出す方法を英文整序問題で確認するという活動です。

私（江利川）も授業を参観しましたが，生徒たちが協同学習に打ち込み，楽しそうに英語を学んでいた姿が印象に残りました。

協同学習を取り入れた英語授業の流れ

授業者　船津　真理

単元　「様々な文型の復習2」

テーマ　「ヒントを頼りに、アイドルを救え！」

ウォームアップ
- 課題解決のためアイスブレイクをしています。
- 隣の人どうしで「バイリンガルシート」に取り組んでいます。

> 決められた時間の中で集中して取り組んでいます。

ジグソー学習

《ホームグループ》
まず、生活班で課題を確認しています。
みんなの力で課題を解決していこう！

> 男子の隣は女子、女子の前は男子というように市松模様に座っています。

《エキスパートグループ》
同じ課題を担当する人どうしが集まって1つの課題を追究して行きます。

> 気になる生徒への支援をしています。

学び合いを通じて課題解決！

《ホームグループ》
もう一度、ホームグループに戻って、自分の担当箇所の責任を果たします。

1人でも欠けたら、ジグソーパズルのように完結しないという関係です。

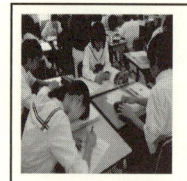

←振り返り1
グループで振り返りを行っています。今日、どうだったのか、次回までにどんな課題をやろうか、どういったことを克服しようか…、話し合っています。

振り返り2→
個別に今日の学習の振り返りを記入しています。

英語科授業プラン

指導者（船津　真理）

1．日　　時【平成○年△月□日（▽）　第6校時】
　　学　　級【中学3年◇組　30名】

2．教　　科【外国語（英語)】　　単元【演習2】
　　本時のテーマ【ヒントを頼りに，アイドルを救え！】

3．単元の目標
　・様々な文型の形・意味・用法を理解し，内容を正確に読み取ることができる。
　・文のつながりや構成を考えた英文を表現することができる。

4．単元計画：全2時間
　　第1時　様々な文型の復習　その1
　　第2時　様々な文型の復習　その2（本時）

5．本時の目標・評価規準・評価項目など
　　【本時の目標】　様々な英文の形・意味・用法を理解し，内容を正確に読み取ることができる
　　【評価規準】　ア．英語を読むことへの関心・意欲・態度
　　　　　　　　　イ．英語理解の能力（読むこと）
　　【具体の評価】　（観察・ワークシートの点検）
　　　　　　　　　ア．辞書を活用するなどして，グループで協力して読んでいる。
　　　　　　　　　イ．語句や表現，文法事項などの知識を活用して内容を正しく読み取ることができる。
＊観点別評価におけるB（おおむね満足できる）に到達しない生徒への手立て（☆）
　　☆1　机間指導で，辞書を活用するなど，できることに少しずつ取り組むよう促す。
　　☆2　グループ学習時に生徒同士の学び合いを促す。

6．授業者が工夫している点・参観者に特に見てもらいたい点（★）

　★1　ICTを活用し，生徒の興味・関心を引き出している点。
　★2　協同学習の手法を用いて，生徒の学び合いを促している点。
　★3　様々な形態を利用し，生徒が活動に飽きないようにしている点。

7. 授業展開

	学習項目・学習内容	☆★評価	学習形態	備考
導入	1. ウォームアップを行う。 ・バイリンガルシートを使って，ペアのうち，一人が日本語を言い，それを聞いて，もう一人がすぐに英文に言い直す。 2. 本時の活動について教師の説明を聞く。 ・英語で話される教師の説明を聞き，学習課題を知る。 3. 本時の活動のめあてを確認する。 ・英語で書かれたヒントを読み，課題について英語で表現することを知る。	★1・3	ペア 一斉	バイリンガルシート(＊3) プロジェクタ ノートPC スピーカ
展開	4. ヒントの読み解きをエキスパートグループで行う。 ・ホームグループで担当する課題を分ける。 ・各ホームグループから，同じ課題を担当する生徒が集まり，エキスパートグループを構成する。 ・辞書を活用するなどして，英文で書かれたヒントを読解する。	☆1・2 ★2・3 ア・イ	エキスパートグループ(＊1)	ヒントシート(＊4)
	5. ホームグループで謎を解き，説明の英文を完成させる。 ・ホームグループに戻り，それぞれの担当課題をメンバーに説明する。 ・メンバー全員のヒントを元に，アイドルの救出方法を地図に書き込む。 ・アイドルの救出方法を説明する英文をグループで完成させ，英文の質問に英語で答えを書く。	☆2 ★2・3 ア・イ	ホームグループ(＊2)	地図
まとめ	6. まとめ・振り返り ・グループでの活動を振り返る。 ・本時の学習を振り返り，理解できたことを確認する。 ・学習の振り返りを記入する。 ・挨拶をする。	☆2 ★1・3	ホームグループ 個別	振り返りシート

○ジグソーについては（→第1章13ページ，および実践事例❻）

*1 **ホームグループ**：班長会で決定する協同学習の基本グループ。学習と学校生活の全てにおいて活用される。班長会は，班長8名と中央委員（学級代表）2名が担任を交えて行う学級運営会議のこと。

*2 **エキスパートグループ**：学習課題をホームグループ内で分担し，同じ課題を担当する各班の学習者同士が集まって課題を追究する専門家グループのこと。

*3 **バイリンガルシート**：日本文と英訳文が書かれたシートで，ペアの一方が日本文を読み，他方はそれを聴いて英訳文を言う。

*4 **ヒントの文例**：A boat can be made from the biggest tree.

1

I am an idol, Mari.
I am a member of KJH48.

2

You are the police!
Save Mari with hints!

3

今日のめあて：ヒントを頼りに、アイドルを教え！
The Funatsu ship
Funatsu bay
Sky-blue tree
Funatsu beach
The Funatsu volcano
The biggest tree
The Police station
The mouth of the river

4

今日のめあて：ヒントを頼りに、アイドルを教え！
今日の学習の流れ
1. ホームグループで課題を分担する。
2. エキスパートグループで課題を解決する。
3. ホームグループに戻り、課題を共有する。
4. 時間内にマリを救う方法と救出にかかる時間を計算する。
5. 救出方法の英文を完成させ、グループ全員が先生のチェックを受ける。
6. 下の質問の答えを書き、振り返りをする。

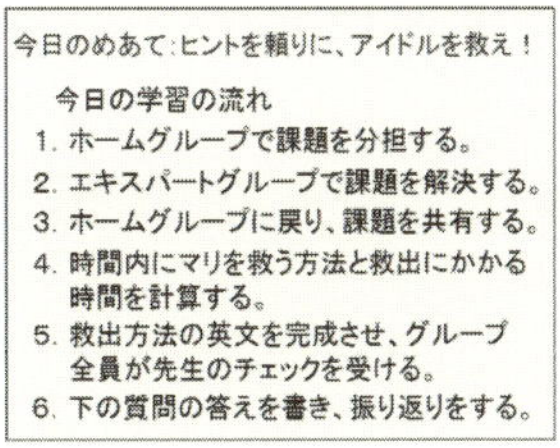

本時の活動の説明例（プロジェクタで投影）

学習のまとめと振り返りシート

●学習のまとめ

Can you save Mari and escape from the Funatsu Island?
Name:
カッコ内の単語を並べ替えて，スーパーアイドル「マリ」を救出し，島を脱出する方法を完成させよう。
1. First, we _____ and_____   (will, a boat, the biggest tree, out of its wood, go to, make)
2. Next,_____   (the Funatsu ship, go to, will, in the boat, we)
3. _____   (get in, the ship, will, we)
4. _____   (by ship, and, we, Funatsu bay, go to, will)
5. _____   (walk to, get off, the Sky-blue Tree, will, the ship, we)
6. _____   (save, be able to, will, Mari, we)
7. After saving her, _____   (by the Funatsu ship, from the island, will, escape, Funatsu bay, walk to, we)
Question: How long will it take to escape from the Funatsu Island?
Answer:

●学習の振り返り

1．エキスパートグループやホームグループで協力できたことは何ですか。具体的に書きましょう。

2．今日の学習で，単語や英文の訳し方，作文についてわかったこと，知ったことは何ですか。
　具体的に書きましょう。

3．エキスパートグループやホームグループで，あなたがグループのためにできたことを具体的に
　書きましょう。

4．今日の学習の感想を書きましょう。

〈Further Task〉　すべてのヒントの意味を書こう！

3 英語授業で協同学習が必要とされる背景

学力低下が叫ばれるなか、文部科学省は授業時間数を増やし、教える内容を拡大しました。テストによる点数競争をあおる動きも目立つようになりました。

しかし、そうしたやり方で子どもたちは本当に学ぶようになるのでしょうか。まずは、学力の実態から見てみましょう。

3-1 英語力の低下と格差の拡大

日本の子どもたちの英語学力は、かなり深刻です。斉田（2010）によれば、高校入学時の英語学力は1995年から2008年まで14年連続で低下し、下落幅は偏差値換算で約7.4にも達しています。とりわけ、中学で英語が週3時間に減らされた2002年度以降に著しく低下しました（図2-1）。

さらに、成績の上位層と中・下位層との格差が広がっています（図2-2）。近年は特に成績下位層の下落が著しくなっており、下位層では授業を3割以下しか理解できない生徒が約半数に達しています。こうして、大規模クラスでの対面型一斉授業がますます困難になっているのです。中学2年生を対象にしたベネッセ教育研究開発センター（2009）によれば、英語が「苦手」と答える生徒が61.8％に達しています。苦手分野を尋ねると第1位は「文法が難しい」で、生徒たちの78.6％に及んでいます。

1990年代から学習指導要領では、オーラル・コミュニケーションを重視する半面で、文法指導を軽視してきました。文の仕組みが理解できないまま、英会話のまねを繰り返させても、「英語がわからない」と子どもたちが悲鳴を上げるのも当然ではないでしょうか。

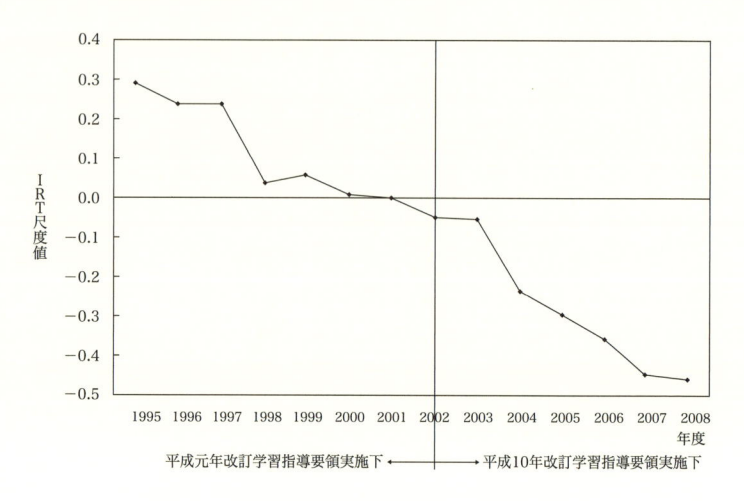

図2-1　下がり続ける英語学力（高校1年生）

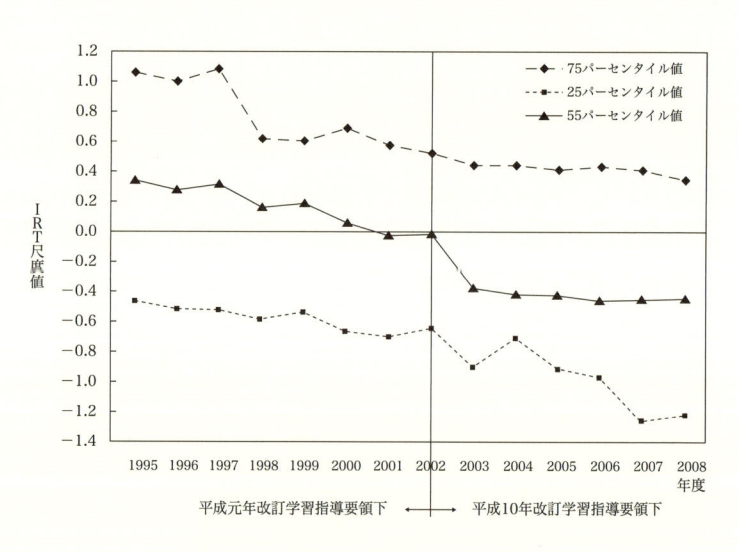

図2-2　成績中下位層の下落が深刻

出典：ともに斉田（2010）

英語ぎらいも増えています。ベネッセの先の調査では，英語が「好き」と答えた中学2年生は25.5％だけで，国語の25.0％と並んで9教科中で最低レベルです。

こうして，「英語がわからない」→「わからないからきらい」→「きらいだからやらない」→「ますます英語がわからない」という悪循環が起こっているのです。これらによるフラストレーションが，問題行動を誘発し，学校を荒廃させる一因となっています。

3-2 習熟度別授業の問題点

こうした傾向に拍車を掛けるのが習熟度別授業です。文部科学省は「『英語が使える日本人』の育成のための行動計画」(2003)で「中・高等学校等の英語の授業で少人数指導や習熟度別指導などを積極的に取り入れる」とし，翌2004年度には習熟度別授業を実施した学校が小学校の6割，中学校の7割に達しました。

しかし，習熟度別クラスは教育内容と学習集団の均質化によって多様な学びを経験する機会を狭め，学力格差を拡大し，歪んだ差別感・優劣感を助長します。習熟度別の問題点は，欧米では1970〜80年代に明らかになっており，先進国の大半はトラッキング（能力・進路によるコース分け）を廃止しました。現在，フィンランドをはじめ，国際的な学習到達度調査（PISA）で上位の国はトラッキングを実施していません。

にもかかわらず，日本では習熟度別の授業を行っている学校が少なくありません。今日の学習心理学によれば，学力の低い子どもだけを集めてレベルの低い内容を教えるのは逆効果であり，基礎的な技能ほど高度で創造的な活動の中で機能的に獲得されることがわかっています。佐藤学（1999b，p.269）は次のように述べています。

たとえば、スペリングを間違える子どもにドリルで繰り返し教えることは、他の子どもとの学力差をいっそう拡大するだけでなく、子どもの学習意欲を衰退させ、基礎技能の記憶や定着においても効果的ではない。むしろ、他の子どもと協同の作業を組織して高次の創造的活動のなかに参加させ、多くの書物や資料に触れる機会を提供したり、自分の考えを文字で表現する機会を多く与えるほうが、スペリングという基礎技能の習得においては効果的である。スペルの誤りは矯正したり訓練しなくとも、創造的活動と仲間との交流のなかで自ずから修正されてゆくのである。

　実は、文部科学省の調査でも習熟度別授業に成果がないことがわかっています。「全国の小中学生約45万人を対象とした文部科学省の学力調査の結果、習熟度別授業や少人数指導を受けた子と受けない子の成績には差がないことがわかった」(『朝日新聞』2005年4月23日夕刊)のです。さらに、日本の高校の英語授業で習熟度別を取り入れた学校のデータを見ても、習熟度別の成果は認められませんでした(Sasaki, 2006)。

　他方で、2008年に告示された中学校学習指導要領では、「学習形態などを工夫し、ペアワーク、グループワークなどを適宜取り入れること」として、限定的ですが、協同的な学びを推奨しています。さらに、2009年に告示された高校学習指導要領では、「相手の立場や考えを尊重し、互いの発言を検討して自分の考えを広げるとともに、課題の解決に向けて考えを生かし合うこと」(「英語表現Ⅱ」)など、協同学習の理念に通じる方針が盛り込まれています。

　これらを足がかりに、英語科でも協同学習を本格的に導入すべき時代に入ったといえるでしょう。

3–3 全員を伸ばす英語教育へ

　公教育の使命は，すべての子どもたちの学ぶ権利を保障することです。しかし，1990年代以降の日本では，競争と格差を肯定する「新自由主義」と呼ばれる改革が猛威をふるっていました。その結果，全国一斉学力テストに象徴される試験で子どもたちを競わせ，習熟度別クラスで生徒を輪切りにし，2011年度以降は一転して授業時間数と教える内容を増やしました。

　英語科では特にスキル主義とエリート主義が強まりました。グローバル展開を急ぐ経済界の意向を受けて，文部科学省は「『英語が使える日本人』の育成のための行動計画」（2003～07年度）を実施しました。そこでは，中学校卒業時に英検3級，高校卒業時に英検準2級ないし2級レベルなどの，学校の教育課程とは異質な外部試験を到達目標にすえ，一握りの「英語が使える」エリートの育成が図られました。他方で，英語を苦手とする大多数の子どもへの対応については何の方針も出されませんでした。こうした方針は「国際共通語としての英語力向上のための五つの提言と具体的施策」（2011）にも引き継がれています（江利川, 2012）。

　外国語は言語や文化が異なる多様な人間同士をつなぐものです。そのため外国語教育は，スキルの習得にとどまらず，個性や考え方が異なる他者とも積極的にコミュニケーションを図り，良好な関係を築くことで多文化共生社会を生きていく人間を育てなければなりません。ですから，異質な個性同士が互いに高め合い全員を伸ばす協同学習は，外国語教育にこそ必要不可欠なのです。

コラム② 英語教育研究における協同学習の現状

　協同学習の実践・研究は，教育（心理）学や認知科学，学習科学，教育工学を中心とする様々な領域・立場で進められています。協同学習の一般的利点，つまり，1）全ての学習者の到達度を高める，2）教師と学習者の間に良好な関係を築く，3）競争的な組織構造を，チームを中心とする高いパフォーマンスの組織構造に置き換えることは，もちろん英語教育でも発揮され得るでしょう（Johnson, et al., 1994; Richards & Rodgers, 2001）。

　実践の場においても，英語教育は協同学習と独特で密接な関係を持ってきた教科だと言えます。特に70年代にCommunicative Approachが提唱されて以来，協同学習と何らかの関連を持ちうる諸活動やタスクが国内外で豊富に蓄積されています。しかしその一方で，英語によるペア・グループでの練習・活動の存在を自明視していたためか，特に国内において，その目的・内容・方法を協同学習の観点から考察すること，および活動以外の分析的な教育内容に対する協同学習の可能性が論じられることは十分ではなかったと言えるかもしれません。

　協同学習の各技法に対する諸学問のルーツや影響については他の文献を参照していただくとして（杉江, 1998; McCafferty, et al., 2006），ここでは第二言語習得研究・外国語教育研究との関係に限定して現状と課題を整理します。

　まず，これまで提示されてきた習得の仮説との関わりがあります。インタラクション仮説やアウトプット仮説の立場から，流暢さや複雑さ，正確さ，様々な言語スキルの向上につながるのではないかと協同的なスタイルの学習の可能性がさまざまに追究されています。特にディクトグロスや相互フィードバックを利用した産出活動についての研究が数多く提出されています（Kowal & Swain, 1994; 1997; Swain & Lapkin, 1998; Kuiken & Vedder, 2002; Storch & Wigglesworth, 2007; Qin, 2008など）。しかしこうした研究は，必ずしも協同学習の効果を示すことに成功しているわけではありません。質的なデータか

ら学習者同士のやり取りが増え言語形式に注意が向いたという結果は得られるのですが，むしろ習得の効果を量的に示すことの難しさが目立ちます。

　教育心理学や認知科学の研究においても，協同学習の実践が必ずしも肯定的結果をもたらすわけではないことが指摘されています (Kirschner, et al., 2009)。言うまでもなく協同学習は万能ではありません。それをより有効かつ効率的にする諸条件について様々な学問領域の知見を摂取することが英語教育研究にも求められていると言えるでしょう。同時に，英語科の固有性に照らして，測定可能な部分とそうでない部分を区別し，「有効性」・「効率性」という概念自体を問い直す視点も必要です。

　次に，タスクや内容を中心とする教授法との関わりがあります。つまり，何らかの解決すべき目標をもった意味・内容中心のコミュニケーション活動や，特定のテーマの学習を中心目標とした活動と結び付けた授業構成において，協同学習が幅広く利用されています。前者の例としてはジグソーやインフォメーション・ギャップに基づく活動などを挙げることができます。ペアやグループで行うタスクのほとんどに協同学習との接点があると言えます。後者の例としてはCALLA (Cognitive Academic Language Learning Approach) やCLIL (Content and Language Integrated Learning) が挙げられ，そこでは「協同」が枠組みの中に不可欠な要素として位置づけられています (Chamot & O'Malley, 1994; Coyle, et al., 2010; 渡部ほか，2011)。

　さらに，学習者の自律性や動機づけ，個人差に関する研究との関わりがあります (Macaro, 1997; Reid (ed.), 1998; Ghaith, 2002)。協同学習によって授業や教師への印象が良くなったりモチベーションが高まったりするというだけでなく，主体性の涵養や熟達度の違いに対する対応策の一つとして協同学習の可能性が注目されているのです。

(亘理陽一)

3 小学校外国語活動での協同学習

● **各実践の紹介とポイント**

　2011年度から小学校の外国語活動が必修化されました。英語の指導経験がほとんどない小学校教員が，十分な研修もないまま外国語活動を担当するですから，不安や戸惑いも多いようです。

　しかし発想を変え，英語を教え込むのではなく，子ども同士の協同的な学び合いを組織すれば，意外なほど教育効果が高まるようです。そのことを，本章の2つの実践が教えてくれます。

　協同学習がもっとも本領を発揮するのは，プロジェクト型の活動です。辻実践（実践報告①）では，「国際空港で郷土の魅力をPRする」，「オーストラリアの小学校と交流する」という高度な「背伸びとジャンプ」を伴うプロジェクトを立ち上げ，その目標に向かって子どもたちがひたむきに取り組んでいます。

　小学校では，各教科の知識を総合的に活用することも大切です。辻実践では，郷土の観光地，特産物，自然，歴史などを調べ，それを簡単な英語で伝えながら交流しています。発表用のボードに画像，絵，地図などを貼って効果的にレイアウトするなど，まさに教科横断型の活動になっています。こうした活動は，英語が苦手な子どもに活躍の場を与えるという意味でも重要です。

　子どもたちの創意で行政や農業団体にまで協力を要請し，地域

との協働による，まさに「学びの共同体」を形成しています。大学の留学生を相手に本番のシミュレーションを行うことで，新たな国際交流の機会を増やしている点も優れています。

事後の振り返りは，自分たちの活動を取り上げたテレビニュースを見ながら行われたのですから，「背伸びとジャンプ」をなしとげた子どもたちの達成感は，さぞ大きかったことでしょう。

外国語活動の目的は，体験的な活動を通じてコミュニケーション能力の素地を養うことです。その点で，辻実践は空港での直接交流に加え，海外の小学生とリアルタイムの交流を行うなど，文字通り「体験型」のコミュニケーション活動になっています。

そうした体験型の教材と指導法の宝庫が，**町田実践（実践報告②）**です。普通の小学校で，しかも数時間のゲスト・ティーチャーでも，深い協同的な活動が可能であることを町田実践は実証しています。「ゴミ（Garbage）」をテーマにした実践では，コミュニケーション力や協力する姿勢を育み，地球環境を意識した行動ができることを目標にしています。小学校5・6年生の発達段階では，ゲームや歌で「楽しく」終わるだけではなく，こうした知的好奇心を満足させるハイレベルの課題設定が効果的です。

日常会話中心の近年の英語教育では，教材内容のレベルが低すぎて協同的な深い学びに至りにくいという指摘があります。その意味で，町田先生が「英語という言語を学ぶだけではなく，その学びの過程で人間教育としての国際理解教育を実現させたいという願いをもって，平和・人権・環境・異文化理解といった分野から様々なテーマを選び，学習の素材としてきました」と述べていることは，協同学習の教材論として重要な示唆を与えるものです。

子どもたちの能動的で協同的な学び合いが感動的です。

質の高い教材と協同学習による質の高い学び。鬼に金棒です。

（江利川春雄）

1 実践報告①

コミュニケーション能力の素地を育む

辻　伸幸（和歌山大学教育学部附属小学校）

1-1　学びの質を高める協同学習

「一人ひとりの学びが成立していない。何人かの活躍する子どもたちによって授業が流れていき，傍観者のような，お客さんのような子どもたちが多くいます。学びから逃避している子どもがいるのではないでしょうか。」

和歌山大学教育学部附属小学校の授業で，東京大学大学院教授（現学習院大学）の佐藤学先生から厳しい指摘があったのは，2006年のことでした。その2006年4月から4年間，佐藤先生の指導助言を得ながら教員が一丸となって，どの子にも高い学びが成立する協同学習の実践・研究に取り組みました（辻, 2011a）。

3年目にして，やっと佐藤先生から「しっとりと学びをしている子どもたちが増えてきた」という評価をいただけるまでになりました。5年目からは，東京大学大学院教授の秋田喜代美先生の指導助言を受けています。現在進行形で協同学習による質の高い学びの研究を今も続けているのです。

協同学習を取り入れる前は，英語を使った競争的なゲーム活動で終わっていました。英語を得意とする何人かの子どもたち中心に楽しそうな授業ではありました。でも，それだけでは，質の高い学びにほど遠いことに気がつきました。はたして，外国語活動の授業はどう変化したのでしょうか。

"My name is Ken. May I have your name, please?"
"My name is Ron."
"I like dogs. I like baseball. I like *sushi*. How about you?"...

アメリカのアトランタに，自分の理想とする学校（The Ron Clark Academy）を設立したロン・クラーク氏一行が2009年に来校したときの会話の一部です。全米優秀教師として表彰されたクラーク氏一行が隣の附属中学校に来ると知り，筆者の授業にも参加してもらったのです（図3-1）。すると，5年生の子どもたちは，ロン・クラーク・アカデミー教員9名を迎えて，一人ずつ，双方向の自己紹介を立派にしているではありませんか。外国語活動がめざすコミュニケーション能力の素地づくりにおける質の高い学びを，その光景から見て取ることができました。自分たちの使う英語が通じていることに満足そうな表情が印象的です。まさしく，一人ひとりの質の高い学びが成立した瞬間です。

このように変わってきたのは，子どもたちが主体的にコミュニケーション活動を行えるように協同学習を導入し，必然性を高めたコミュニケーションの場面を設定してきたことが大きいと考えています。これから，コミュニケーション能力の素地を育むために，学びの質を高める協同学習の実際へと皆様を誘います。

図3-1　ロン・クラークアカデミー教員に自己紹介をする子どもたち

1-2 国際空港で郷土の魅力をPRするプロジェクト

協同学習では，一人の力では達成することが難しい課題を何人かで力を合わせて成し遂げることができる利点があります。この利点を最大限に生かすために，外国語活動と総合的な学習の時間をリンクしてプロジェクト型の協同学習を採用することにしました（辻，2010）。

例えば，筆者は6年生の子どもたちと一緒に，関西国際空港の外国人利用客に「和歌山の良さを伝えようプロジェクト」を立ち上げました。自分たちが暮らす郷土には，たくさんの誇れる観光地や特産物，歴史があります。この良さを下の例のような簡単な英語を使って伝えるプロジェクトを成し遂げたのです。

> Hello. We are from Fuzoku Elementary School in Wakayama. May we have a little of your time, please? We want to tell you about our popular places in Wakayama. This is Nachi Water Fall.（中略）
>
> These are famous Wakayama Arida oranges. They are presents for you. Thank you for listening.

このプロジェクトは，9つの小グループでチャレンジしました。これから詳しく見てみましょう。

(1) グループによる内容の検討

グループの人数は3人か4人としました。それ以上だと，活動や考えを他人に頼ってしまう子が出てきます。活動でお客さん的存在になってしまう危険性を少なくするためです。

各グループでは，どこの何を伝えるのかを話し合い，まとまったところから，資料集めが始まりました。例えば，「那智の滝」

では，画像を使った方が魅力を伝えやすい。そのため，発表用のボードを作り，画像や絵，地図などを効果的にレイアウトして貼り付けていきました。

ひとたびプロジェクトの準備にエンジンがかかり始めると，子どもたちの自主的なアイディアが次から次へと出てくるものです。このような子どもたち主体の動きが出てくればしめたものです。

あるグループは和歌山県庁に連絡して，プロジェクトの目標と内容を説明し，県からの援助・協力を要請しました。その結果，県の仲介でJA有田から和歌山特産の有田ミカン40箱の無償提供を受けることができました。さらに，県からはミカン色のはっぴやのぼりを貸し出していただきました。

プロジェクトを達成するまでの過程で出てくる様々な課題を整理し，乗り越えようとする取り組みは，総合的な学習の時間の目標にもぴったり当てはまります。いいことづくめでした。

(2) プロジェクトで使用する語彙や表現に慣れ親しむ活動

外国語活動は，言語スキル（リスニングやスピーキングなど）の習得を目標としていませんが，この面を無視することはできません。まずは，教師のデモンストレーションを披露して，子どもたちに挑戦する場面をイメージさせます。その後，プロジェクトで使用する語彙や表現を聞いて慣れ親しむ活動をビンゴゲームやクイズ，かるたなどで楽しく触れさせます。次に，発音することに慣れ親しむ活動を加えていきます。この段階では，チャンツやゲームを用いて意味を理解した上で楽しく発音させる工夫が有効です。パソコンのサーバー内に英語表現の音声を保存しておき，100円ショップのヘッドフォンを付けてシャドーイングやリピーティングに取り組むことも効果的です。

前ページで例示したプロジェクトに使うような英文を全員が発

話することに慣れ親しむ必要はありません。英語が好きな子や得意な子が難しいところや長いところを，苦手な子は易しいところや短いところを担当することができるのも協同学習のよさです。

(3) プロジェクトのシミュレーション

自分の担当する英語にかなり慣れ親しんだとしても，いきなり本番に移らない方がいいことが分かってきました。子どもたちには十分な経験もなく，不安が大きいのが普通です。この不安を和らげることができるのがプロジェクト本番を意識したシミュレーションです。今回は，和歌山大学に在籍する留学生10名に関西国際空港の利用客に扮してもらい，事前練習（図3-2）をしました。

図3-2　事前練習をする子どもたち

(4) 関西国際空港でのプロジェクト本番

いよいよ本番です。ミカン色のはっぴをまとい，郷土PR隊が関西空港に到着しました。国際線の便が到着するたびに，外国人を見つけて，緊張しながらも和歌山を売り込んでいきます（図3-3）。子どもたちの一生懸命な説明を聞く外国人利用客は，誰もが優しく対応してくれます。説明の後，有田ミカンをプレゼントした。これまた，どの方も満面の笑みで子どもたちを褒めてくれま

図3-3
関西国際空港でプロジェクトを行う子どもたち

した。さらにうれしいことに，この活動はテレビのニュースでも報じられました。子どもたちが大きな達成感と満足感を得たことは確かです。

(5) プロジェクトの振り返り

プロジェクトを無事に終え，その感動も冷めやらぬ次の週に，子どもたちは映像を見るために大型スクリーンの前に集合です。プロジェクトの様子を伝えるテレビのニュース映像を見るためです。子どもたちが関西国際空港を利用する外国人に英語を使って郷土和歌山をピーアールする活動が行われたことをアナウンサーが報じます。それに続き，活動の映像が流れます。男の子へのインタビューも流れました。「少し緊張したけれど，英語を使って上手に和歌山の良いところを伝えることができたと思います。」

校長先生も一緒に見てくれました。事前に，必ず来てくれるようにお願いしておいたのです。校長先生も子どもたちが成し遂げた功績を大いに褒めてくれました。

(6) 本プロジェクトにおける学びの質の高まり

学習指導要領における外国語活動の目的は，「コミュニケー

ション能力の素地」づくりです。その具体的な事例として「言語や文化の体験的理解」「積極的にコミュニケーションを図ろうとする態度」「外国語の音声や基本的な表現への慣れ親しみ」の3本柱が建てられています。本実践でも，それらの目標に沿って学びの質の高まりを目指しました。

「言語や文化の体験的理解」では，プロジェクトを達成するためには英語を使わなければならいという必然性が生まれます。まさしく，実生活場面での体験的な学びができたと思います。また，文化面では，郷土和歌山の歴史，自然，観光，食について外国の人にも理解してもらえるように工夫を凝らし，自分たちのふるさとの良さを再認識できました。これらが1つ目の学びの質の高まりです。

「積極的にコミュニケーションを図ろうとする態度」では，子どもたちは満点でした。なぜなら，どの外国人の方も笑顔で子どもたちに接してくれたので，どんどん自分たちからコミュニケーションを図ろうとしていたからです。これが，2つ目の学びの質の高まりです。

「外国語の音声や基本的な表現への慣れ親しみ」も同じく，プロジェクト達成のためという目的がはっきりしているので，最後まで意欲を高くもち続けることができました。これが3つ目です。このように目標とする3本柱については，すべて質の高い学びが成立し，お客さん的な子どもは皆無となりました。

1-3 オーストラリアの小学校交流プロジェクト

次に，教室内で可能な協同学習による外国語活動の事例を紹介しましょう。外国の小学校との交流です。筆者は，現任校に着任してから6年間，オーストラリア・メルボルン郊外にあるビクト

リア州立スカイ小学校と交流を続けています。

　国際交流に興味のある皆さんには，オーストラリアの学校を強くお勧めします。今まで，10カ国以上の子どもたちと英語を使った国際交流活動を行ってきた経験からたどり着いた理想の相手がオーストラリアです。

　理由はいくつかあります。まず，日本語や日本文化を教えている小学校がオーストラリアには何百とあるからです。2010年には，ビクトリア州だけでも179の小学校で日本語が学ばれています（DEECD，2010）。時差が少ないことも利点です。スカイプなどを使えばリアルタイムでの交流が無料で行えます。

　日本の課業日と重なりの多さもあります。オーストラリアの学校は1月から新学期が始まる四学期制であり，9月に新学期を迎える西洋諸国の学校に比べ長期間の交流が可能です。

　交流相手を探すことも比較的簡単です。例えば，ビクトリア州には，日本語教師会のウェッブページ（http://www.jltav.org.au/）があり，交流相手探しを手伝ってくれます。

(1) 協同学習に至るまでのウォームアップ

　外国との交流で，お互い現地を訪問し交流することは理想的ですが，小学生では実施が難しいでしょう。そこで，スカイプの出番です。

　子ども同士の個人的な絆づくりを事前に行うと，協同学習の内容が充実します。筆者は，健太君にはケビン君，というふうに最初に交流相手を限定します。互いの自己紹介から始めるのがいいでしょう。自己紹介の絵手紙（図3-4）を作って郵送します。絵手紙には顔写真，好きな食べ物，教科，テレビ番組，スポーツ，動物など絵も入れてあります。届いた絵手紙をラミネートして教室に掲示すると，ゴージャスな交流の雰囲気づくりができあがり

図3-4 スカイ小学校から届いた自己紹介の絵手紙（上）

図3-5 スカイプによる交流

ます。

　絵手紙が届き，交流相手が決まり，教室掲示がすめば，スカイプで交流相手同士の初顔合わせ（図3-5）となります。名前が呼ばれ，スクリーンの前で挨拶します。リアルタイムの会話に緊張はしますが，相手の声や顔を目の当たりにして表情がなごみます。

(2) 自分たちの教科を伝えるプロジェクト

　お互い，どんなことを学んでいるのか伝え合うと，子どもたちの興味も意欲も高くなるものです。そこで，自分たちの教科を伝えるプロジェクトを行います。ここでも，小グループで力を合わせてプロジェクトを達成することが子どもたちのゴールです。

　子どもたちは，柔軟な発想で教科紹介を試みることができました。例えば，体育では "We study PE. We love PE. We will show it." という簡単な英語に続けて，子どもたちが縄跳びやダンスの実演を披露します。このようにして，家庭科では，ちくわとキュウリを包丁で切ってサラダにして食べたり，社会科では，国旗を使ったクイズを出したり，音楽科では，リコーダーの合奏

という具合で,オーストラリアの子どもたちは興味津々でした。こうなると,英語の使用場面などほんの一部分です。負担も少ないし,しかも英語は短くて簡単であっても,伝える意味をもって使う体験ができるのです。コミュニケーション能力の素地づくりに最適とは思いませんか。

1-4　協同学習こそ外国語活動の要

　協同学習に出会えたからこそ,外国語活動が目指そうとしているコミュニケーション能力の素地づくりを達成することができたと言えるでしょう。

　2012年度から『英語ノート』改訂版の *Hi, Friends!* が配付され外国語活動の次なるステージが幕を開けました。各レッスンの終わりに慣れ親しんできた表現を使ってのコミュニケーション活動が設定されています。しかし,そのほとんどが必然性という観点からすると,低いと言えるでしょう。必然性を高めると子どもたちにとって難易度が上がってしまいます。そうなると,失敗経験が重なり小学校の段階から多くの英語嫌いを産み出し,外国語活動の存続すら危うくなります(辻,2011b)。この課題を克服することができるのが協同学習です。

　プロジェクトを達成するために,必然性のあるコミュニケーション活動を行います。それぞれのプロジェクトは協同学習のポイントとなる「ジャンプ課題」です。友だちと力を合わせ,助け合って前に立ちはだかる課題を乗り越えなければなりません。しかも,どの子も強制的にさせられているのではなく,積極的に課題に対峙していきます。最終的に,プロジェクト達成という満足感がご褒美となります。協同学習は,まさしく,コミュニケーション能力の素地を育む外国語活動の要になるのです。

2 実践報告②

国際理解教育で地球市民を育む外国語活動

町田淳子（小学校テーマ別英語教育研究会）

2-1 小学校のカリキュラムを豊かにする外国語活動を

2011年度から小学校5・6年の外国語活動が全面実施されていますが，現場では，相変わらず「子どもを英語ぎらいにさせないように」というプレッシャーのもと，ただ子どもを楽しませることだけがねらいであるかのような歌や競争ゲームを中心とした活動が行われているのではないでしょうか。そうした授業の中では，高学年の子どもの知的な成長欲求を満たすような学びや，協力的なコミュニケーション力を育むような，またコミュニケーションを交わしたくなるような興味深い内容を見出すことは難しいのではないかと思います。研究や実践が進んでいる一部の小学校を除けば，そのことに気づきながらも，では一体何を，どのようにすれば，外国語活動が小学校のカリキュラムの一端を担うだけの意義あるものになるのか，多くの担任の先生が，いまだに確かな拠り所を見出せず悩んでいるというのが現実のようです。

筆者は，国際理解教育を基盤とした英語教育のための教材開発と実践に長年従事してきました。英語という言語を学ぶだけではなく，その学びの過程で人間教育としての国際理解教育を実現させたいと願い，平和・人権・環境・異文化理解といった分野から様々なテーマを選び，学習の素材としてきました。また，その学びの手法においては，参加体験型の協力的な学習と，多様な視点

から考えたり感じたりする活動を取り入れています。そうした内容と手法によって、学習者の自尊感情や人間性を高め、多様な文化や環境の中で生きる人々と、協力して問題解決できるコミュニケーション力をもった地球市民を育てることを目指してきました。それは、まさに学習指導要領の理念である「生きる力」を育むことであると言えます。

筆者の実践の現場は、外国語活動の研究指定校や「学びの共同体」づくりに取りくんでいる学校ではなく、特別な外国や外国の人々とのつながりをもっているわけでもない、一般的な公立小学校です。そうした学校での、ゲスト・ティーチャーとして数時間という短期間の実践ですが、協同学習と国際理解教育を導入することによって、外国語活動がより意義あるものになり、子どもの学びの質が高まったのではないかと思います。

2-2 テーマ"Garbage"で学ぶ外国語活動

(1) テーマ別ユニットの構築

この実践は、4年の社会科(環境教育)で触れた「ゴミ問題」について、外国語活動でさらに学びを深めたいという担任の先生方の希望に合わせ、"Garbage"をテーマに、5時間の活動を創ったものです。

国際理解教育では、学習者の「地球市民としての責任を果たし、自己の可能性を活かして豊かな人生を送るのに必要な生きる力(姿勢,知識,技能)」(Globe International Teachers Circle, 2005, p.9)をバランスよく育てることが大切です。そこで、このテーマで学ぶことによって、どのような姿勢、知識、技能を育みたいかを考えながら、この活動の長期的な「ねらい」と、5時間で達成したい「具体的な目標」を設定し、授業案を考えました。

テーマ：Garbage「ゴミ」

対象：八王子市立大和田小学校4年1・2組

① ねらい：

- 自分や異文化の人々の暮らしとゴミの関係を考える中で，身近に地球環境を意識した行動ができるようになってほしい。
- ゴミというテーマに沿った活動の中で，コミュニケーション力や協力する姿勢を育みたい。

② 具体的な目標：

1. 自分が消費する物とゴミの関係を意識することができる。
2. ゴミに関する英語表現を学ぶにあたって，ペアや班で協力し合うことができる。
3. ゴミに関する課題について，自分で考えたり，班で積極的に話し合ったりすることができる。
4. ふだんあまり話さないクラスメートとも，積極的に関わり合うことができる。
5. 写真から情報を読み取り，想像力を発揮することができる。
6. 班で協力して，課題を発表することができる。

③ 班編成：

クラスには，日常的に5，6人の学習班が組織されているので，そのままの方が安心して取り組め，普段の協力体制を活かすと考え，その班のまま行うことにしました。

④ 活動の展開：

● 1時間目

子どもの活動	導入する英語表現
・班で福袋の中身について英語も交えて答える。 ・英語表現を協力して確認し合う。 ・手に入れた物を使った後に何が残るかを考える。	What did you get? We got ___, ___, and ___. What is this?

● 2時間目

・自分たちの使用後に残る物の英語表現を協力して覚える。 ・班を2つに分け，他の班と出会い，互いの福袋で何を手に入れ，何が残ったかを尋ね合う。 ・感想や気づいたことを共有する。	a plastic bag, waste paper, food waste, a can, a plastic bottle, etc. What is left over? We have ___, ___, and ___.

● 3時間目

・使用後に残るものがゴミかどうか考え，ペアで意見を交換する。 ・感想や気づいたことを交流する。 ・ゴミに関するクイズに答える。 ・"Garbage"をテーマにしたチャンツを聞き，聞き取れた言葉を発表する。	Is this garbage? Yes. / No. Why? I don't know. Too much garbage! Reduce, reuse, and recycle!

● 4時間目

・6カ国の家族の食材を表す写真を見て国名や地図を確認し合う。 ・各班で1つの外国と日本の写真を見比べながら，環境の視点からどんなことがわかるか話し合う。	Where is this family from? From _____. Where is _____? Here it is. May I have a Post-it?

● 5時間目

・4時間目に話し合ったことを班ごとにまとめ，役割を決めて発表し合う。	We are Group ___. This family is from ___. ___ is here. This is our idea. Thank you for listening!

(2) 授業始めの子どもたちへのメッセージ

子どもには手作りのファイルを渡し，使ったワークシートを綴じていってもらいます。先生が子どものポートフォリオとして参考にしたり，子どもが自分の考えたことを思い出したり，家の人と話し合うなど，学んだことをその後の生活でも活かせるからです。裏表紙には図3-6のようにメッセージを書き，筆者の自己紹介の後，担任の先生に読んでいただきました。とても心を込めて読んでくださったからでしょう，活動に向け期待感を膨らませたり，また気持ちが和らいだりしている様子を，子どもたちの笑みと目の輝きから感じることができました。

> ★英語で何を言っているのかな？
> 耳をすまして聞いてみよう。
> そうぞうしてみよう。
> すると、わかることが何かあるよ。
>
> ★しっかり声が出ているかな？
> 聞こえたように言えたかな？
> 自分の声をよく聞いてみよう。
>
> ★友だちは、わかっているかな？
> おしえてあげよう。
> おしえてもらおう。
> いっしょにわかるようになりたいね。
>
> ★英語は、世界の人とつながることば。
> 楽しく学んで、
> みんなの世界をひろげよう。

図3-6　ファイルの裏表紙

(3) 導入部での協同——力を合わせて確認しよう

外国語活動では，買い物ごっこをすることがあると思います。でもそれだけで終わることが多いようです。ここでは，買った物を消費した後に注目します。実践の時期が年末年始の頃でしたので，福袋を用意しました。班で1つの福袋をもらうという簡単な手順で，班ごとに品物を手にすることができます。中身は実物がよいのですが，かさばるので写真カードを使います。バナナ，ほかほか弁当，納豆などの食材や，紙コップ，トイレットペーパーなどの消耗品を計3点入れます。各班で何を手に入れたか興味津々ですから，"What did you get?"と英語で聞けば，何を問われたかすぐに理解します。そこで答え方を導入し，物の名前は

日本語でよいので,班で答える順番を決め,一緒に答えようと促します。"We got 納豆, ツナ缶, and toilet paper." という具合です。それでも英語で何と言うのか知りたがりますから,"What's this in English?" という質問が言えるよう導きます。この表現は便利です。次々に写真カードを見せて質問してきますから,全員に向けて答えます。"It's *natto*." などそのままなので皆喜びます。こうして導入した英語表現を,今度は,班の仲間がわかっているかどうかお互いに確認して,学び合うよう励まします。方法は指示しません。お互いにどのようにすればよいか,彼らなりに考えてほしいからです。ただ,班で誰もわからなかったら,皆で先生を呼んで教わろうと伝えておきます。英語の得意な子どもが中心になり,カードを見せて読み上げている班があります。一方「これ,何だっけ?」と悩んでいるのに,だれも声をあげられない班には,担任の先生と筆者で助け舟を出すという具合です。このように,どの班も一様には進みませんが,この授業では,こうして皆で学び合うんだなということを感じてくれたようです。

(4) 話し合いの中での協同——たくさん意見を集めよう

1時間目にはもう1つ活動があります。福袋の中身を使った後に何が残るかを考え,ワークシートに書くのです(図3-7)。ここで使うのが,THINK-PAIR-SQUARE という手法。まずは,THINK! で一人で静かに考えて書くように言います。数分待ち,子どもの手が止まっているようなら,PAIR! と声をかけ,隣の人と相談するよう促します。次に SQUARE! と言って,(両手の親指と人差し指で四角を作ってみせると班のことだと理解します)今度は班で意見を出し合おうと励まします。以前これをあるALT と一緒に行った際,それは THINK-PAIR-SHARE の間違いだと指摘されました。しかし,筆者は SQUARE を班での活動と

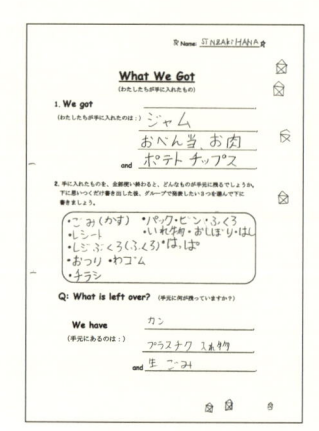

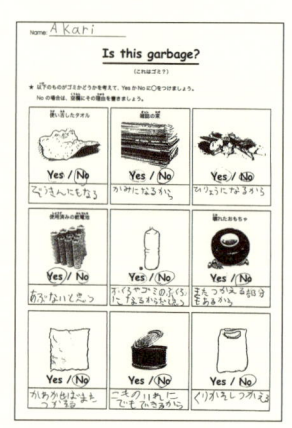

図3-7, 図3-8 記入されたワークシートの例
(『your world』テーマ4から)

し，最後にクラス全体で共有する時に SHARE を使いたいのだと伝えたら納得してくれました。子どもはここで，一人では出なかったアイディアがどんどん増えていくという，知的に快い体験をし，他の人と一緒に考え合うことを楽しめるようになるのです。

(5) インタビューの中での協同——気づきを共有しよう

2時間目の活動で使う "What is left over?" "We have ...." という表現も，1時間目同様に導入し練習した後，班で確認し合います。ヴィゴツキーの言う「周囲の子どもたちのやり方を見て学び模倣することでできないこともできるように」(柴田, 2006, p.26) なる機会です。その後，名付けて留守番組と出張組の二手に分かれ，出張組が別の班の留守番組を訪ねていき，インタビューし合いました。こうして情報交換することで，様々な気づきを得て班に戻り，それを全体で共有します。

3時間目。ワークシートに描かれた物が自分にとってゴミかどうかを考え，Yes／No に印をつけ，その理由を書きます（図3-8）。

今度は，個々にインタビューし合いますが，まず班のペアで練習します。その後，できるだけ普段話さない相手に声をかけ，"Is this garbage?" とたずね合い，その理由も伝え合います。最後に全体で気づいたことを共有すると「ゴミってないじゃん！」という声も聞こえてきます。そこで，ゴミに関するクイズをしたり，"Garbage! Garbage! So much garbage! What should we do?" と歌うチャンツの聞き取りをしたりして，Reduce, reuse, and recycle! というキーワードを，その言葉のもつ力とともにつかんでいきます。

(6) 話合いの中での協同——意見を尊重しよう

4時間目。『写真で学ぼう！「世界の食卓」学習プラン10』（開発教育協会, 2010）から，日本と6カ国の家族が1週間に摂る食品群の写真を選び，子どもに見せます。どこの国の，何の写真なのかを想像させるのですが，珍しい写真に子どもの目が釘付けです。国名は，子どもの想像や知識を引き出しながら，国旗や地図で確認します。その後，各班で1つの国を担当し，日本のそれとも比べながら，ゴミのことを考えるとどんなことがわかるか，想像できるかを話し合います。ここでは正解などはなく，感じたことを何でも出し合うよう励まします。また，班の皆が意見を出しやすく確認しやすいように，付箋紙1枚に考えを1つずつ書いて，台紙に貼ります（図3-9）。付箋紙がなくなったら，各自で筆者や先生に，"May I have a Post-it?" と言って受け取るようにしました。

図3-9 話し合い，付箋紙を貼る

(7) プレゼンテーションでの協同──やればできるよ！

5時間目は発表です。授業案（→57ページ）にある表現の順で，発表の一例をして見せ，英語表現を導入し練習します。次に発表する準備。班で話し合って英語表現の分担や，付箋紙に書き出した言葉を発表用にまとめたものなどを，プレゼンテーション用のワークシート（図3-10）に書いていきます。整ったら発表の練習をします。一人では無理そうな友だちがいるので，2人で言ってもいいかと聞いてくる班，挨拶は全員で言いたいという班。もちろんどちらもよし。班の皆で考え全員参加でやろうと励まします。

発表した言葉は短いのですが，ここまでの過程で，仲間と気づいたことを出し合い，まとめるために話し合い，練習し合って，最後に各自の分担をこなせたことが，子どもたち一人ひとりに達成感をもたらしました。

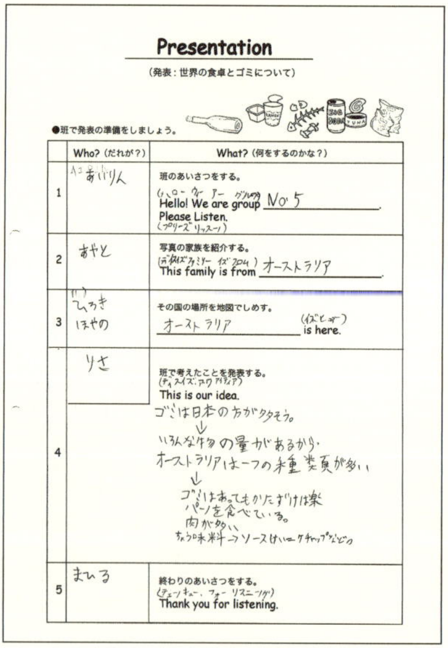

Presentation

（発表：世界の食卓とゴミについて）

●班で発表の準備をしましょう。

	Who?（だれが？）	What?（何をするのかな？）
1	あいりん	班のあいさつをする。 Hello! We are group No 5. Please Listen.
2	あやと	写真の家族を紹介する。 This family is from オーストラリア.
3	ひろき ほやの	その国の場所を地図でしめす。 オーストラリア is here.
4	りさ	班で考えたことを発表する。 This is our idea. ゴミは日本の方が多そう。 ↓ いろんな物の量があるから。 オーストラリアは一つの種類が多い ↓ ゴミはあってもかたずけは楽 パンを食べている。 肉が多い
5	まひる	終わりのあいさつをする。 Thank you for listening.

図3-10　プレゼンテーションの準備のためのワークシート

(発表例)
S1：Hello! We are Group Number Four.
S2：This family is from Bhutan.（写真を見せて）
S3：Bhutan is here.（地図を指して）
S4：This is our idea.
S5：日本は麺類だとか何でも種類が多いし，全部袋に入っているけど，ブータンは少ししかないし，何でもカゴみたいな入れ物に入っているので何度も使えるからゴミが少ないと思います。
S6：Thank you for listening.

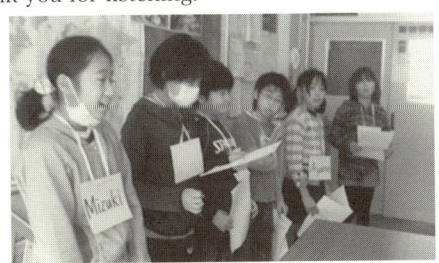

図3-11　発表する子どもたち

2-3　子どもの振り返りから

　「協力して学んだことが，楽しさや理解度，そして子ども自身がやりがいを感じることとどう関係しているか」を知りたいと考え，毎回アンケートを行いました。[Q1楽しかった／Q2英語がわかった／Q3内容がわかった／Q4協力し合えた／Q5やってよかった]の5項目について，「とてもそう思う」〜「そう思わない」まで5段階で答えるものです（図3-12）。集計の結果，Q4で「とても協力できた」と答えたものは45％あり，「協力できなかった／あまり協力できなかった」は8％でした。次に，それぞれの子どもたちが，他項目ではどのような傾向を示しているのかを集

計してみると，図3-13のようになりました。協力し合えた子どもは，他のどの項目でも高い割合を示し，特に「やってよかった」という感想が顕著でした。逆に協力できなかった子どもは，そのポイントが低くなっています。興味深いのは，自由記述に「英語を習ってて簡単だからやりがいがなかった」と書いた子ども（協力し合えなかったと答えている）がいた一方，「習っているので友だちにたくさん教えてあげられてすごくよかった」と言う子どもがいたことです。その他の感想もあげてみましょう。全て，子どもの記述のままです。

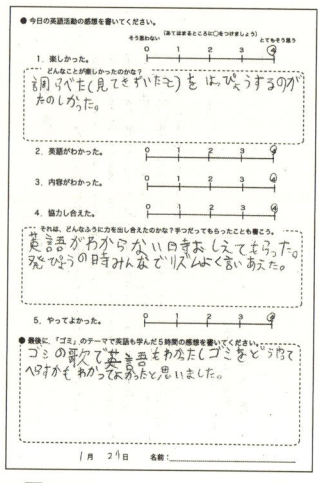

図3-12　アンケートの一例

・英語はならってるけど，こんなにふかくまでおしえてもらえるとはすごくかんげいです。

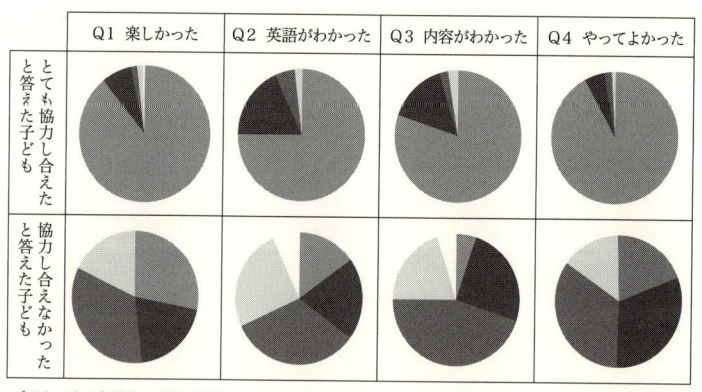

〔■とてもそう思う　■そう思う　どちらとも言えない　あまりそう思わない　□そう思わない〕

図3-13　アンケートの集計より・Q４の回答と他項目の関係

- じゅぎょうをやって「もっとうまくなりたい」と思いました。
- わたしは英語がにがてでしたがこのじゅぎょうをやってきょうみしんしんになりました。
- いろんな答えがかえってきて，おもしろいなーと思いました。
- みんなでがんばれた！
- ゴミはいろいろな所からでるとしった。
- ゴミの話を世界の人としたいです。

2-4 まとめ

　こうした結果から，子どもが関心をもてる内容を協力的に学ぶことが，子どもの学びに対する肯定感を非常に高めていたことがわかるのではないでしょうか。もちろん，どの子も学びが深まったと言えるよう，協同学習の手法は，さらに工夫する余地があっただろうと思います。ただ，これはわずか5時間の実践です。年間を通して，このような取り組みを，様々なテーマで数多く積み重ねていけたら，子どもの，外国語や世界の課題について「もっと知りたい・学びたい」という学びへの欲求と，人と関わり合う力を確実に育てていくことができるだろうと考えています。

　最後に，「協力」という言葉に向き合うとき，筆者は，先の東日本大震災の被害者の方が，「富める者も貧しい者も，同じように全てをなくして，そんなことは一切関係なく助け合いました。人間には，本来そうして協力して生きていく遺伝子が備わっているのだと感じました」と涙ながらに語られていたことが思い出されます。そういう人間の素晴らしさを競争という学び方や生き方が奪ってきたとしたら，これほど愚かなことはありません。未来を育てる教育の場から，それを修復しなくてはならないと思います。

コラム③ 音楽科での協同学習

●音でつながる子どもたち

　小学校の現場には音楽があふれています。朝の会では「今月の歌（毎日どの学級も歌う）」があちこちから聴こえ，授業中も音楽室や低学年の教室から歌声や楽器の音色が流れてきます。学校行事では運動会，音楽会，音楽集会，１年生を迎える会，６年生を送る会など様々な場面で音楽が登場します。その場の全員が演奏を楽しむ時もあれば，演奏者と聴き手に分かれる時もあります。

　人間関係や生活習慣を学び，人間形成をしていく小学校という場において音楽学習は大切なコミュニケーション・ツールであり，その学びの姿には言語学習とも重なる部分があると感じています。

　５年生の題材で日本の音階を使って旋律づくりをする学習があります。まず全員がリコーダーでミソラドレ５音を用いて４小節の旋律をつくり，４人グループで旋律をつなぎます。それに和太鼓のリズム伴奏をつければオリジナルのおはやしが完成します。この学習では，一人ひとりの旋律づくりができたところからグループ活動がスタートします。友だちがリコーダーで吹く４小節の旋律に続けて，間を空けずに拍の流れに乗って自分の旋律を吹き，グループ４人の旋律をつないで１曲にします。子どもたちは，どの順序でリレーすればうまくいくかを相談し，友だちの息づかいやリズムの乗りを感じ取りながら旋律をつないでいきます。そこでは，つくった旋律が難しくてリコーダーでうまく吹けない友だちと一緒に演奏してあげたり，指使いを確認してあげたりする姿が見られます。

　グループの旋律が完成する頃に教師が８拍の和太鼓リズムを提示しますが，日本の音階でつくられた旋律に和太鼓の響きが合い，なんともお祭りの雰囲気が出て子どもたちはワクワクです。

　「はやく和太鼓を入れて演奏したい！」……そこでグループに一台の和太鼓とふた組のバチを渡し，「全員の旋律をリレーすること・全員で和太鼓を回して打つこと」を条件に練習時間をとりました。和太鼓を囲んでどのように立てばよいか，バチを誰と誰が最初に持つか，

演奏後は誰にバチを渡すか，スムースに演奏をするために様々な試行錯誤がなされます。クラスの8グループのうち3グループ程度がうまくつながってきた頃に，全体に向けて中間発表をさせます。発表を鑑賞した子どもたちに，工夫されていることはどんなところかを問い，全員でその工夫点を共有して再びグループ活動に戻します。子どもたちは，友だちの工夫点を参考にしながら，さらに工夫できることを見つけ，よりよい演奏にしていこうと高まっていきます。

　音や音楽を介して友だちと対話することによって思考が深まり，協同する前と後とで自己の変容が見られる場面です。

●協同学習を支える個人の力

　上記の学習で旋律がうまくつながらない時，子どもたちはまず「個人練習しよう！」と言います。1人ひとりが演奏できなければグループで合わせられないとわかる（音に表れる）からです。どんな学習でも，個人のスキルが高まっていない時期に協同学習をさせようとしてもうまくいきません。指導者は個人のスキルアップの時間を保障し，その活動の目的や進め方などについて学習者に見通しを持たせることが大切だと思います。また学習者自身が，今自分はこの学習の中でどのような状態あるのか，次の課題はどんなことか，を考えられるような振り返りの場も大切であると考えています。

●表現する教科として

　外国語活動を思うとき，音楽学習と似ていると感じることが多くあります。一人ひとりが英語と言うコミュニケーション・ツールに興味を持ち，必要なスキルを身に付けながらそれを他者と共有して使うことを楽しみ，さらに自分で調べたり体験したりして知り得たことを他者に向けて発信したいと願う姿は，音楽学習における学習スタイルと重なります。「表現する」ことを大切にする学習として，互いに学び合えることはたくさんあると思います。

（竹下篤子／神戸市立鹿の子台小学校）

4 中学校英語授業での協同学習

●各実践の紹介とポイント

　中学校段階では，授業規律を保ちつつ，できるだけ生徒たちの自主性を尊重することが必要です。

　たとえば，協同学習では教師主導のグループ作りが一般的ですが，そこにも生徒たちの声をできるだけ反映させる工夫が必要です。**船津実践**（実践報告③）では，班長会で生徒から出される意見や情報を取り入れることで，班編成を効果的に行っています。班長は自分の意見が反映された分だけ，責任感を持ちます。そうした班長を介して，教師はクラス全体を間接的にコントロールする「ソフトな独裁者」となります。細かいことまで教師が口出しせず，仲間同士で問題を解決させることで，生徒たちの自治能力が育っていきます。また，教員と生徒との信頼関係が形成され，教科指導のみならず学級経営なども円滑に進むようになります。

　船津先生によれば，協同学習が良いと解答した生徒の割合が約9割に達しています。英語の学力も，表現力を中心に着実に伸びています。その半面で，「自分が理解できていないことを知られたくない」「わからないところを聞くのが恥ずかしい」などの理由から，協同学習を好まない生徒が3割ほどいます。そのためにも，様々なチーム・ビルディング（→実践事例❼）の手法を用い

るなどして，気軽に聞き合える良好な人間関係を不断に作り上げることが必要です。

劉実践（実践報告④）では，4人グループやジグソーなどの一般的な協同学習のノウハウを機械的に用いることなく，「先生の『あり方』と授業の『デザイン』を少し変えるだけで，協同学習がダイナミックに起こり始める」ことを熱く語っています。そのために大切な要素は，次の2点です。

①英語が得意な生徒が教師としっかりつながっていること。
②達成すべきゴールが明確であること。

その上で，以下の条件を挙げています。

①活動中，生徒たちは教室内を自由に移動することができる。
②生徒がつまずいたときに参照できる資料（辞書や文法書など）が教室内にある。
③生徒同士がお互いに居心地のよい教室空間をつくろうとしている（一生懸命学習している仲間をバカにしない）。

根岸実践（実践報告⑤）では，学校を挙げての「学びの共同体」づくりの成果を列挙しています。

①学年が上がるほど生徒同士がつながり，学ぶ意欲も高まる。
②非行や問題行動が大幅に減っている。
③生徒と教師との関係が良くなっている。
④教員間の信頼関係が高まっている。

英語科における協同学習では，内容のある良質の教材を発掘・活用することで，英語学力の向上とともに，人格形成に寄与することの重要性が強調されています。内容豊かな英語の歌を活用するなどもその一端です。高い課題をクリアさせるためには，①基本となることをしっかりと学ばせ，②質の高い課題を設定し，③それを越えるためのステップを踏ませ，④仲間とともに越えさせることが大切です。

（江利川春雄）

1 実践報告③

英語力とともに自治能力を高める

船津真理（和歌山県紀の川市立貴志川中学校）

1-1 学級の自治能力を高めるグループ編成

私は協同学習を知ってから，学級内のすべての班活動や学習を同じグループで行っています。常に同じメンバーと行動を共にすることで，連帯感や自治能力を高めることができる，という成果が見られるからです。ここではそのグループ編成の仕方について述べます。

(1) 生徒は貴重な情報源

通常，中学校では30名から40名の学級の生徒を一人の担任が受け持ちます。しかし，担任が一人で学級内の生徒の情報を日々更新していくことは至難の業です。そこで私は担任する学級の生徒に毎日「生活記録」を提出させ，一人ひとりの情報を手に入れるようにしています。生活記録は連絡帳と同じ内容ですが，毎日の感想やひと言を書く欄が設けられているものを活用しています。一日の中で学級内の生徒全員と話すことが理想ですが，校務に追われ，そうもいきません。話すことなく帰宅する生徒からの情報も生活記録から得ることができます。

ただ，悩みや困っていることを素直に書いてくれる生徒がいる一方で，なかなか書いてこない生徒もいます。そんな生徒の情報をどこから得るか？　それはその生徒の友人たちです。毎日の感

想の中には，自分のことだけでなく，友人についても書かれている場合が多いです。生徒は友人たちの新鮮な情報をたくさん持っており，私たち教師にとって生徒は貴重な情報源なのです。だから私は生活記録を欠かさず集め，空き時間に一人ひとりの生活記録を点検し，そういう生徒の情報を集めるようにしています。最初は全員分を見るなんて大変，と思うかもしれませんが，生徒との交換日記だと思うと楽しくなってきます。

(2) ぶっちゃけ班長会──「ウザい」なんて言わせない！

さて，次に具体的な情報の入手方法について紹介します。私はグループ編成の際にまず班長会を持ちます。班長はグループの中心となって活躍できるだろうと思えるリーダー性のある生徒を選びます。学級の様子によって私が班長を決めることもありますし，自薦・他薦の場合もあります。班長の人数は3～4人の班編成をするために必要な人数を男女バランスよく選びます。そして決定した班長と中央委員（学級代表）と私で，放課後，班長会を持ちます。任期は3ヶ月から4ヵ月ですが，私の選出方法では年間を通して班長を務める生徒がほとんどです。

【班長会，4か条の掟】
第1　男女混合の3～4人班を作る。
第2　仲良し班を作らないこと。
第3　班長一人につき，学級でしんどい思いをしている人を一人は受け持つこと。（「しんどい思い」とは友人関係，学習面，学校生活面などあらゆる面を表しています。）
第4　班長会で知った情報などは一切他言しないこと。

話し合った内容は自分たちだけの秘密，ということなので班長たちは真剣になります。ただ，班長たちだけの情報だけでは不十

分な場合は，私が持っている情報も提供します。お互いの情報を出し合いながら，状況を考えて，「僕は○○君なら大丈夫」，「私は▽▽さんは無理だけど，□□さんならやっていけそう」，などと自分の力量を計りながら班編成の意見を出し合います。班編成が出来上がった時点で私が持っている情報（生活記録等で知った，他の生徒に伝えてはいけない情報）と照らし合わせ，これはマズイと思う点があれば，班長たちに悟られないよう，私の考えている方向へ変更できるように仕向けていきます。

　ある時，班長会の様子を見ていた教育実習生が，「中学生であんなに自治的な話し合いができるなんて感動しました」と述べたことがあります。話し合っている様子はもちろん自治的ですが，実際は私の考えている方向に持っていけるよう仕向けるので，私は自分を「ソフトな独裁者」だと思っています。

　ただ，班長は自分たちで決めた班ですから，決定後は不満をもらしません。様々な活動をしていく中で班長はリーダーとして自然に育っていきます。班長が悩んでいるようであれば班長会を開いたり，個別に相談を聞いたりします。でもそれは班編成を見直すためではありません。班長の悩みをみんなで聞き，思いを共有するためです。班長として自分ならこうするというアドバイスをしてあげてほしいことを伝えると，同じ立場同士で意見交換が始まります。こうしてソフトな独裁のもとで生徒に班編成をさせることが，「ウザい」という感情を持たせないポイントではないかと思います。

(3) 自治能力 UP で学級経営もラク ?!──ソフトな独裁者のもとに

　(2)で述べたように，班長会で班編成を行うことにより，班長のリーダー性が育っていきます。班長は発言力があり，周囲への影響力も大きいので，班長が注意すると周囲の生徒はよくない行

動を正そうとします。これだけでは担任の下請けをしているだけではないのか，と思われるかもしれませんが，始めはそれでもよいと思います。班長会のたびに担任の思いを班長に伝えておくことで，理想の学級に近づきたいと思うようになり，自ら行動しよう，という考えを持つようになります。1日の大半を過ごす教室の空気がギスギスしていたり，間違ったことが横行していたりしては誰にとっても居心地のよくない空間になってしまいます。間違ったことを絶対に許さないという姿勢を担任が常に持っておくことと，理想の学級像を常に伝えることで班長も学んでいきます。

　もちろん班長は勝手に育っていくものではありません。まずは担任として班長たちとの信頼関係を作り，彼らのカリスマ（ソフトな独裁者）にならないとダメです。たとえば清掃活動はスキがあれば多くの生徒は手を抜こう，怠けようと思うものです。班長がもし怠けている場合ならもちろん厳しく指導しますが，班長が怠けていなければ終わりの会で班長を大げさに褒めます。アメとムチを使い分けて，信頼関係を築くのです。そして「次はみんなが協力できるようになるとステップアップするね」，と次の目標を出してあげると，班長は自らテキパキと動き出します。こうして周囲の生徒も動かないとダメなんだなと気付きだします。実際4月当初，掃除に取り組むことを嫌い，手を抜こうとする生徒が多かったのですが，班長を中心とした班編成とこの学級経営方法で，手を抜く生徒が随分減りました。清掃時間がなく，教室のゴミ拾いを指示した際には，ゴミを拾うだけでなく，ホウキで掃く姿が数多く見られるようになってきたのです。そしてそれを見た周囲も机の並びを整えたりするなど，手の空いている生徒がいなくなってきました。

　協同によって自治能力を育てることができるのだと，私も実践しながら気づくことができたのです。

1-2　生徒の自信を高める協同学習

　最近では「学び合い」というキーワードのもと，グループで学習を行っている授業をよく見ます。多くの教師がグループで学習することがよいことだと感じているからだと思います。

　しかし，何を目的としたグループでの学習なのかという点を曖昧にしてしまっていることはないでしょうか。

(1) グループで取り組む意義——互恵的な関係を育む

　グループでの学習を行う際，私は必ず2つの視点を持っておきます。1つ目はペアやグループの中の一人のメンバーの学習が，他のメンバーにとっても利益となっているということ，2つ目はペアやグループで学習することが有効（または効率的）であるという点です。グループでの学習を取り入れる際に「互恵的な関係の成立」という視点を持つとグループでの学習が活性化します。

(2) 責任感を育む学習——ジグソー学習

　それではどういった授業づくりをすれば互恵的な関係が生まれるのでしょうか。まず問題なのは教材のレベルです。中学校で使われる教科書の内容は上位レベルの生徒にとっては簡単すぎ，下位レベルの生徒は難しいと感じています。難しいから興味もありません。だからと言って中間レベルの生徒に合わせた課題となると，上位レベルの生徒には物足らなくなります。中学校では様々なレベルの生徒に応じた課題が必要です。そこで「背伸びとジャンプ」が起こるレベルが適しているのだと思います。様々なレベルの生徒で構成されたグループに，上位レベルの生徒も少し難しいと感じるくらいの課題を与えると，必然的に互恵的な関係が生まれます。一人では難しいけれど，複数で取り組むことで一人ひ

とりの力が合わさって解決できる，または一人でも欠けると課題が解決しないといった教材は，どのレベルの生徒にも対応でき，グループで取り組む意義のある一石二鳥の教材だと思います。

　私がよく授業で使うのはジグソーという形態です。このジグソーでは読解を行うことが多いのですが，題材は学校で使用している教科書とは異なる出版社の教科書を参考にしたり，Oxford University Press のリーダーテキストや中学生向けの英字新聞，外国の曲などから選んだりします。習っていない文法を多少含んでいても問題はありません。生徒は辞書を活用したり，これまでに習った知識を集結させたりしながら，意味や文の構造を予想し，解決していくことができます。（→実践事例❻）

　グループ内での生徒の役割分担は明確にした方が責任を持って取り組むと言われますが，私は特に指示しません。生徒は失敗しながら「次は仕事をもう少し分担しよう」，などと学んでいきます。自然と役割を分担するようになったり，それまでは交流のなかった生徒と関わり合ったりするようになります。こうして徐々に指示待ちの生徒が減り，学び合いが高まっていきます。一人ひとりが課題に責任を持つ意識を高める秘訣は，指示しないことだと私は思っています。

(3) 少しの「できた！」を積み重ね，喜びを共有する

　たとえば難しい英文読解に取り組んでいるとします。一人ではできなくても，ホームグループやエキスパートグループで助けてもらいながらひとつでも単語の意味がわかったり，文の構造がわかったりすると生徒の目が輝きだします。最初は英文の塊を見て，「無理だ」と感じていた生徒も「自分がやらなければグループの課題を解決することができない」とわかっているので，仲間に尋ねながら少しでも理解しようと取り組むようになります。

図4-1
エキスパートグループで読解にチャレンジ！

　でもそれだけで終わってはいけません。グループで学習してわかったことやできたこと，グループのために何ができたかなどを自分にフィードバックさせ，ひとつでもできたことやわかったことを見つける作業をさせます。今日はこの単語の意味がわかった，この文の意味を訳読できた，など小さな「できた！」を発見させるのです。小さな達成感ですが，この積み重ねは非常に大きな意欲につながっていきます。（→実践事例❺）

　こうして学習にやる気がなかった生徒も少しずつやる気を見せ始めます。教科書もノートも授業に持って来なかった生徒が持って来るようになります。アルファベットを正確に綴ることができなかった生徒も，辞書を引くことができるようになります。はじめからうまくいくわけではありません。困っている生徒も，その周囲の生徒も，そして教師もつまずきながら振り返り，少しずつ背伸びとジャンプに挑戦していくのです。

(4) 自律した学習者を目指して

　文部科学省の平成20年度「児童生徒の問題行動等生徒指導上の諸問題に関する調査」（小・中学校不登校の確定値等）では，高校中退の理由として学校生活・学業不適応が全体の理由の約4割を占め，ここ数年，他の理由に比べ群を抜いて高くなってい

す。その中でも，学校生活に熱意がないという理由に次いで，人間関係がうまく保てない，授業に興味がないという理由が挙げられています。こうした現実を見つめるとニート，引きこもりと呼ばれる若者が増えているのも納得できます。

私が勤務校で協同学習に関するアンケートを行ったところ，「協同学習を良い」と思うと答えた生徒は約9割という結果が出ました。ところが協同学習を「好き」，または「どちらかと言うと好き」と感じている生徒は7割に満たなかったのです。協同学習がいいと思っているけれど，好まない理由には「理解できてないことを知られるのが嫌だ」，「人と話すのが苦手だ」，「わからないところを聞くのが恥ずかしい」，「一人の方がいいから」などが挙げられていました。協同学習を好まない生徒の9割以上が人間関係を理由としていたのです。人間関係を築くのが苦手な生徒がそのまま大人になってしまう前に，もっと早い段階でその訓練をする必要があります。

協同学習は仲良し班で行う学習ではありません。当然，日頃はあまり関わらない仲間と学習に取り組むことになります。同じアンケートで協同学習を好きだと答えた生徒の理由には，「一人でできないことでも班だとできる」，「一人で考えるより，皆で考えた方がわかる」，「いろんな人とコミュニケーションができる」，「いろんな人の意見や考えを聞くことができる」などが挙げられました。この結果を見ると，普段あまり関わることのない仲間と授業の中で関わることで，人と関わる良さに気付くことができていると言えるのではないでしょうか。人と人とは誰しも合う，合わないという相性はありますが，合わない人ともうまく関係を保っていかないと社会に適応していけません。少しずつ積み上げた自信は自己肯定感を高め，周囲と関係を築こうとする姿勢を育みます。人間関係の難しさという壁を越え，高校を中退する生徒

を減らし、社会に適応できる人間を育成するのにも協同学習は有効だと私は感じています。

(5) 授業の評価

協同学習を取り入れた授業を通して得た成果は、①学級の自治能力の育成、②学習意欲の向上、③生徒同士の信頼関係の構築、④円滑な人間関係の形成など数多くあります。

英語教師として最大の利点はもちろん英語力のアップです。グラフ（図4-2）のとおり、協同学習を取り入れる前と後では表現のポイントが約2倍に上がりました。

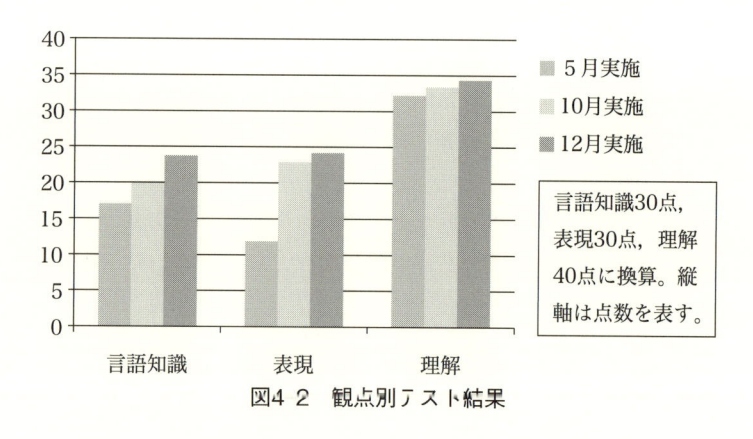

図4-2 観点別テスト結果

言語知識30点、表現30点、理解40点に換算。縦軸は点数を表す。

以前、ネットで話題になっていた「ジブリの飲み会」という画像を用いて、様々な時制の復習をしました。どんなキャラクターが何をしているか、何をしようとしているかなどを、グループでできるだけたくさん英作文するという授業でした（図4-3）。ライティング活動をグループで行った後、「英作文のコツは何だと思いましたか？」の振り返りに対して、

・主語と動詞を見つけて、主語と動詞から始めること。

図4-3
身を乗り出して英作文に取り組む生徒たち

- 主語と動詞を書いてから詳しく修飾していくこと。
- 文法に気をつけて，動詞の進行形や過去形を使い分けること。
- 日本文に主語がなくても，英語では主語を必ずつけること。
- もとの日本語を，わかりやすい日本語の表現に置き換えること。
- 作文した英文を日本語に訳したときに，きちんと意味が成り立っているか確認すること。

などの気づきが挙げられていました。協同学習を取り入れる前には，何も書けなかったり，語順がバラバラになっていたりした生徒が，このような気づきを得ることができたことが，表現力の伸びにつながっていると考えられます。

また言語知識や理解の程度に関する観点においても，少しずつ伸びてきています。これらは協同学習によって，周囲との関わり方を学び，小さな達成感を積み重ねることで自己肯定感と学習意欲を育んできた結果だと確信しています。

2 実践報告④

生徒同士をつなぐための授業デザイン

劉　崇治（大阪府八尾市立高美中学校）

2-1　授業の中で「協同学習」をひき起こす

　私が行っている英語の授業実践は，厳密に言うと一般的に定義されている「協同学習」とは少し異なるものかもしれません。つまり，4人組のグループもなければ，授業の中にジグソーなどの活動を取り入れているわけでもありません。それでも，私の授業で生徒たちは，互いに助け合いながら学習を進めています。「背伸び」も「ジャンプ」も教室の中で起こっています。これらがいわゆる普通の授業の中で起こっている理由を考えることによって，「協同学習をする」のではなく，「授業の中で協同学習が起こる」仕組みを共有したいと考えています。

　その仕組みを理解した上で，ペア活動やグループ活動，ジグソーなどの活動をひとつの選択肢として持つことができれば，教室がダイナミックな「学びの共同体」となるのではないでしょうか。

2-2　生徒同士がつながる授業デザイン

　私の授業では，生徒はわからないところがあれば，わかる生徒に助けてもらい，相談し合い，そして英語の力をつけようと必死になっています。このような状況をひき起こすためにはいくつか

の要素が必要です。たとえば，
- 活動中，生徒たちは教室内を自由に移動することができる。
- 生徒がつまずいたときに参照できる資料（辞書や文法書など）が教室内にある。
- 生徒同士がお互いに居心地のよい教室空間をつくろうとしている（一生懸命学習している仲間をバカにしない）。

などがあります。

　これらの要素に加えて，教室内で協同学習をひき起こすためには，私は次の2つがとても大きな要素となると考えています。
- 英語が得意な生徒が教師としっかりつながっている。
- 達成すべきゴールが明確である。

　英語が得意な生徒が教師とつながっていると，生徒は「先生を助けてあげよう」という働きをすることがあります。英語に意欲を見せる生徒を大切に育て，英語の力をつけていく過程でつながりをつくることにより，先生の代わりを担ったり，授業の目標を達成するために効果的な働きをする生徒が現れてきます。これが，教室でダイナミックな協同学習が起こっている理由です。

(1) 生徒とつながる活動——正当な厳しさで達成感を

　「生徒とつながる活動」は，簡単に言うと「一人ひとりの生徒が教師のところに来てチェックを受ける活動」のことです。

　私の授業でいうと，
- 教科書を写し，チェックを受ける（文字は正確に，句読法も厳しく）。
- 英文を覚えて，何も見ずに発音する（発音は正確に，イントネーションや文ストレスにも厳しく）。

などの活動です。図4-4は教科書の本文をセンスグループで分解したものです。これを手に，生徒たちは私の前でアイコンタクト

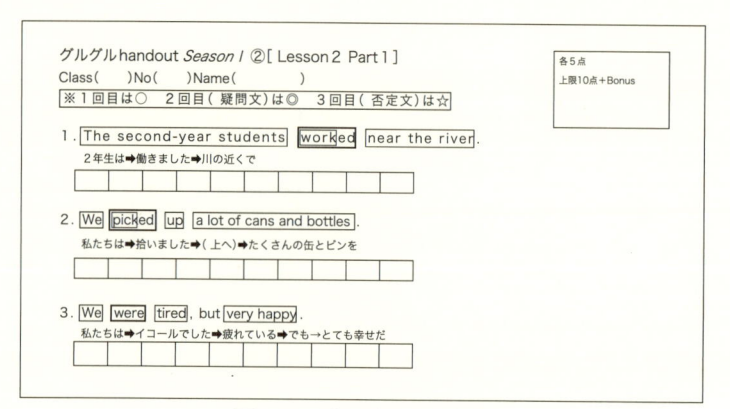

```
グルグル handout Season I ②[ Lesson 2 Part 1 ]     各5点
Class(　)No(　)Name(　　　)                         上限10点+Bonus
※1回目は○　2回目(疑問文)は◎　3回目(否定文)は☆

1. The second-year students  worked  near the river .
   2年生は➡働きました➡川の近くで
   [                                              ]

2. We  picked  up  a lot of cans and bottles .
   私たちは➡拾いました➡(上へ)➡たくさんの缶とビンを
   [                                              ]

3. We  were  tired , but very happy .
   私たちは➡イコールでした➡疲れている➡でも→とても幸せだ
   [                                              ]
```

図4-4　グルグル handout

をとり，正しい発音と適切なイントネーションで発話しなければなりません。

よく，「生徒の意欲を削いでしまうかもしれないから発音については甘くしています」などという意見を聞きますが，これは間違いです。発音を甘く見ることによって，発音を身につけたいという生徒の意欲を削ぐことはあっても，発音を指導して生徒の意欲が低下することはあり得ません。もちろん適切な発音指導をすればという条件付きではありますが。チェックを厳しくすればするほど，生徒はクリアできたときの達成感を得ることができます。ただし，「正当な厳しさ」が必要です。なんとなく「発音が違う」ではなく，「rain の r がダメ」というように生徒に何ができていないのかを確実に伝えることが大切です。

日々一人ひとりと向き合いチェックしていく中で，課題に取り組む生徒と，それをクリアできるように導く教師の間に「つながり」が生まれます。

(2) それぞれの課題のゴールを明確に

　評価項目を明確にするため，与えた課題のポイントを明示しています。この話をすると常に「生徒をポイントで釣るのか」「点数至上主義なのか」という議論を生みます。しかし，ここで言うポイントとは，テストの点数と同じです。テストをして採点することに何も疑問はないと思います。生徒たちは毎日の授業の中でテストを受け続けていると考えてください。ですから，私の評価において定期テストの占める割合はほんの数％でしかありません。それより日々の授業で力を発揮している生徒が良い評価を得ることは正当なことだと思いますし，そのような生徒がテストで良い結果を出せるような授業をしているつもりです。

　また，ポイント化するときに大切なことは，段階的なポイント制にしないことです。「ここまでできたら5点，ちょっとダメなので4点」などとしていると，生徒たちが達成すべきゴールが曖昧になってしまいます。また，学習における妥協点が生まれてしまうのです。「5点狙えるけど，4点でもいいや」といったように。私の課題は常に「クリアできたか，できていないか」これだけです。だから生徒たちは，私が設定した到達すべきゴールに向かって必死に練習しなければなりません。

2-3　ある日の研究授業にて

　その日は市内全校から60名程の英語の先生方が集まる公開授業を行っていました。メインの活動は，指定したダイアログにジェスチャーをつけて教師の前で発表するというものでした。

　授業の始めは，単語の練習やダイアログの解説をして，残りの25分程度をチェック活動に当てました。ダイアログを覚えてどんどん私のところにやってくる生徒たち。私の「マル！」という

言葉に満面の笑顔で席へ帰っていく生徒たち。しかし，中にはダイアログの読み方やジェスチャーのつけ方がわからなくて困っている生徒もいます。A君もその一人でした。A君は私の近くにやってきて，やり方を教えてほしそうにしていました。しかし，チェック活動で忙しくしている私を見て，なかなか「教えて欲しい」と言いだせずにいました。ふと周りを見渡すと，課題を終えたB君がいました。B君に，A君にやり方を教えてくれるかと尋ねると，少し不安そうな顔。実は，この2人は日頃あまり会話を交わすことはありません。そこで，「A君がひとつでもできるようになったらBonusね」と言うと「お！がんばる」とB君。研究協議後，参観されていた先生がB君を絶賛したくらい，B君はA君を一生懸命ヘルプしていました。その先生から「B君はクラスのリーダーですか？」と尋ねられましたが，B君は今までリーダーとしての役職についたことはありませんでした。

　B君がそんな行動ができた理由のひとつは，助けるべきことが明確であったこと（ゴールが明確）。そして，自分はすでにそのゴールへたどり着き，十分に力がついたことを私が認めたこと（力のある生徒の育成）でした。ただ，ここまで条件が揃ったとしても，いつも話すこともないB君がA君をヘルプするとは限りません。B君の背中を押した最後の要因は「Bonusポイント」です。だからと言って，B君は授業が終わった後，私にBonusを要求しには来ませんでしたし，そもそも生徒たちは，私が言うBonusがたいして成績に反映されないことを知っています。ただ，Bonusは「照れくさくて不安だけど，A君をヘルプするための中学生としての正当な理由」となったようです。

　それでも，「そんな点数で釣って」と思われる方も多いと思います。実際，その考えは十分理解できます。ただ，授業後A君が私のところにやって来てこう言ったのです。

A：先生，オレ，これちょっとできるようになってん。
（ダイアログのジェスチャーをしながら）
ほら，こうやって…な？

劉：ほんまやなぁ！めっちゃうまくなってるやん！すごいなぁ！

A：うん。これな，Bくんが教えてくれてん。ほんでな，先生，あの…いっぱい教えてくれたからBくんに…点数を…。

嬉しそうに，少しはにかみながら。本当にA君がB君に感謝をしていることを私は実感しました。これもきっと助け合いのひとつの形だと思います。

2-4 まずは「教師としてのあり方」を確立しなければ…

新任で英語教師になりたての頃の私は，優れた「教材」や「指導法」を探すことばかりしていました。そんな私が，新任から2年間受け持った2002年度の3年生は，卒業を間近に控えても，「私は英語が大好きです」という文を "I English very like." と書くような生徒たちでした。

それから2年後，2004年度の3年生が書いた "I have a dream" の授業の感想があります。「授業の感想を英語で表現してみようと思う人は書いてきてください」という指示をしたと思います。そのうちの1枚を紹介します。

> We have the color of the skin and we speak the language. But the color of all of people, skin and the language that all of people speak is not the same. So there are many distinctions in the world. Now technique is making remarkable progress, but the heart of people

is not unchanged. I think the heart of people is retrogress on the contrary. I think the heart is more important than money and honor. I think all of people will not be able to become friends, but we can understand each other. If we can understand each other, we will be able to feel more happy. And the war and distinction are gone. The thinking that "We can't do." is wrong, "we didn't do".

　読みやすいように数カ所にカンマを付け加え，heart のスペリングミスと思われる heat を訂正しましたが，それら以外は原文のまま。もちろんミスはありますが，2年前の卒業生にはひとりもこんな文章を書く生徒はいませんでした。

　生徒の能力が大きく変わったのでしょうか。私の授業内容が大きく変わったのでしょうか。それもあるでしょうが，もっとも変わったのは私の「教師としてのあり方」だったと思います。

　私は授業の中に協同学習が自然に起こっていく仕組みをつくっていく作業を「授業をデザインする」と呼んでいます。では，デザイナーにとっての命とはいったい何でしょう。もちろんそこに才能や視点，センスなどが必要なことは明白です。少し飛躍するかもしれませんが，その人の「デザイナーとしてのあり方」が大切になるということです。

　新任の頃，私はいろいろな指導法や教材を試しました。しかし，私の授業は崩壊し，時には教室の半数以上が机に突っ伏して寝ているということさえありました。それは私の「教師としてのあり方」が確立されていなかったからのように思います。以下に「あり方」の例として，私が新任の頃から考え方が変わった項目を挙げます。

(1) 生徒が必要としている言葉をかける

　新任の頃の私は，常に自分の思いを必死に生徒に伝えようとしていました。生徒の悪いところや改善すべきところを見つけたら，「それがダメなんだ」「正しいことはこうなんだ」と熱い口調で語っていました。一見，熱血な先生だなぁという印象を持たれるかもしれませんが，熱い思いとは裏腹に生徒の心はどんどん離れていきました。今思えば，悪いところを見つけたら凄い剣幕で指導し，生徒の言い分さえ潰してしまうような教師の言うことに，多感な中学生が耳を傾けるわけはありませんでした。

　私の主張よりも「生徒にとっていちばん必要な言葉は何か」を考えて話すようなると，生徒たちへ言葉がスッと入るようになったように思います。

(2) 学級経営と教科指導の関係

　以前私はどんなことよりも学級経営が大切だと考えていました。毎日と言っていいほど学級通信を書き，クラスで問題が起これば授業をつぶしてでも学級で話し合いを行うようなこともしていました。

　しかし，あるとき他クラスの生徒からこう言われました。「先生は，自分のクラスばっかり」。担任ではないクラスの授業はより荒れ始めました。私が，学級経営第一，授業はその次と順番立てをしていたことが生徒たちにはよくわかっていたのでしょう。

　授業を第一に置き，どのクラスの授業も大切にし，授業の中で英語の力がついていく，英語ができるようになっていくデザインを描くようになると，生徒が私を見る目が変わりました。学級経営がうまくいくようになったのもその頃です。

(3) 楽しい授業はいい授業？

　私が教員に採用された頃は，コミュニケーションを重視した授業が脚光を浴び，疑似コミュニケーションを行うためのゲームが続々と開発されていました。そのような風潮を間違って捉えていた私は，「良い授業」＝「楽しい授業」「盛り上がる授業」という考えを持っていました。授業が終わった後，生徒たちが「先生，今日の授業楽しかったわぁ」と言ってくれると「よっしゃ！今日は良い授業をやったぞ！」と満足げに職員室に戻っていました。しかし，テスト前になると次のような会話が交わされました。

　生徒：先生，今日はゲームやれへんの？

　劉：何言ってるねん。テスト前やで！　ゲームしてる時間なんかあれへん。

　生徒：え〜。なんでなん。ゲームやれへんねやったら，もうええし。おもんない。

　そして，テストの結果を見てみると惨憺たる結果でした。「英語の授業が楽しい」と言っていても，授業は盛り上がっていても，英語の力は全然ついていなかったのです。英語の授業で大切なことは，英語の力をつけていくことです。英語の力がついていく過程で授業が盛り上がれば良いし，質の高い教材を扱うこともできれば良いと思います。しかし，その順番が逆になってしまっていた私の授業を受けていた生徒たちのことを考えると，今思い返しても胸が痛みます。

(4) 同僚性を高める

　協同学習を行うには，教師の同僚性を高めることも必要だとよく言われます。以前の私は自分の仕事だけを一生懸命がんばる教員でした。しかし，私が一生懸命仕事をしている裏で，密かに私の仕事を手伝ってくれている先輩方がたくさんおられました。

私は研究会などで，次のような話をすることがあります。
　A先生とB先生が10ずつの仕事を持っていて，それをそれぞれが10ずつ働いたとしても何も起こりません。しかし，A先生が自分の仕事9とB先生の仕事1，B先生が自分の仕事9とA先生の仕事1を行えば，結果は合わせて20の仕事が終わっただけなのに，そこに「感謝」と「協同」が生まれます。同僚性を高めるための1つの方法だと思います。

2-5　ゆるやかな協同学習——まとめとして

　以前，ある先生から「ユウ先生の授業は，ゆるやかな協同学習ですね」と言っていただきました。私の授業は，協同学習の実践としてはまだまだ足りないところばかりです。しかし，生徒たちがお互いに助け合い，学び合い，そして英語力がついています。その上で，自分の言いたいことを表現したり，教材についての考えを述べたりしています。
　もしかすると「協同学習に取り組むぞ」と肩肘張らずとも，今行っている授業での先生方の「あり方」と授業の「デザイン」を少し変えるだけで，教室内に協同学習がダイナミックに起こり始めるのではないでしょうか。

3 実践報告⑤

「学びの共同体」づくりと英語科での協同学習

根岸恒雄（埼玉県熊谷市立大幡中学校）

3-1 「学びの共同体」づくりとその意義

「学びの共同体」づくり（→キーワード①，5ページ）に取り組む学校は，すべての子どもに学びを保障するために全校をあげて協同学習を推進し，授業改革を中心にすえた学校づくりをめざしています。

私の学校は取り組み始めて3年が経ちましたが，次のような成果が上がっています。

> （1）上級生になるほど生徒同士がつながり，学ぶ意欲も高まっている。
> （2）かなりあった非行や問題行動が大幅に減っている。
> （3）子どもたちと教師との関係がより良くなっている。
> （4）教師間の信頼関係がより高まっている。
> （5）教師同士もお互いの授業を以前より気軽に参観し合うようになっている。
> （6）この取り組みに成果を実感している教師が多くいる。
> （7）教育委員会の指導主事からは「子どもたちの学ぶ表情が年々良くなっている」等の声が寄せられている。

協同学習はひとつの教科で実践しても効果があがりますが，学校全体で取り組む時により大きな力を発揮します。生徒たちの人間関係づくりと学び合う関係づくりは相乗的に発展してゆくからです。全ての教科で協同学習を推進し，生徒たちに質の高い学び

を保障しているところに,「学びの共同体」づくりの意義のひとつがあると言えるでしょう。

3-2 英語科で協同的な学びが難しいとされる原因と対応策

　急速に広まっている「学びの共同体」づくりですが,教科のなかでは「英語科で協同学習を進めていくのが一番難しい」と言われています。その原因を分析し,私なりの対応策を紹介してみたいと思います。

①トレーニングや活動を多く伴う

　英語科は思考・探究だけでなく,トレーニングや活動を多く伴う教科です。活動させやすいペア・グループが効果的となります。私は4人グループの班長を決め,必要によってはペアの入れ替えも行っています。

②英語は学力差が一番つきやすい教科

　落ちこぼさない努力,できない子がケアされることが重要です。「共有の課題」(基本になる課題)を特に丁寧に扱い,その上で「ジャンプの課題」(発展的課題)に挑ませる必要があります。

③4人グループの活動が難しい

　ペアの活動はいろいろできても,4人グループの活動は難しいものです。成功事例などの交流の機会が大切であると考えます。

④課題と教材の質の問題

　英語教育として価値ある学びを成立させるには,課題と教材の質が重要です。語学力形成とともに,人格形成にもつながる学びを実現させるため,良い教材を発掘し活用を工夫する必要があります。教科書の教材だけでなく,他の優れた教材も活用します。

⑤教科研究と協同学習理論をいかに結び付けるか

　総じて言うと,「学びの共同体」づくりの理論と英語科におけ

る他の研究成果との結合が大切だと感じています。私の場合は，新英語教育研究会などの民間研究団体の教材論，方法論などとつなげて考えています。

3-3 協同学習の具体的実践例

私はコの字型の座席配置での学習・活動と，ペア・グループでの学習・活動を組み合わせて授業を行うようにしています。具体的実践を紹介します。

(1) 基本文（新文法事項）の導入の場合

基本文の導入，説明はコの字型で行い，プリントを使った問題や自己表現は4人グループを作らせ，わからないところは質問させ，ヒントを与えさせたり教えさせたりします。「まず，2，3番は全員ができるように協力しよう。わからないところは『ここどうするの？』ってすぐに聞くんだよ。全員終わったら班長さん報告して。時間は7分」，「終わったら裏の問題や単語練習に進んでいいよ」と指示します。若干の時間延長もしますが，課題はどの班も終了する場合が多いです。その後，コの字型に戻し，大事な問題の答えを確認し，必要な説明をしたり，生徒の自己表現を発表してもらったりします。

基本文導入の詳細は根岸（2010）で紹介しています。参照して頂けるとありがたいです。

(2) ビンゴで表現を学び，作成メモで準備し，自己表現へ

新しい文法事項を学んだ後，ビンゴで必要な単語や表現を学び，作成メモを書き，自己表現につなげる方法を紹介します。グループを有効に活用でき，いろいろな表現の時に使える方法です。こ

こでは3単現を習った後,My Precious Person を書かせた1年生の取り組みを紹介します。

①事前に My Precious Person という文を書くのに使いそうな表現を Special Bingo で習っておきます。この中には is good at, respect her などのまだ習っていない表現も入れておきました。2回ビンゴを行いましたが,生徒たちは楽しみながらその表現に親しんでしまいます。

②1時間で全員が条件の英文を書けるように「作成メモ」を事前に日本語で書かせ,辞書を使って英語でどう表現するかも調べさせておきます。日本語でメモを書くのでとても書きやすく,またこれは学力的に低い生徒がグループの仲間に応援してもらう手段にもなります。

③授業本番では,

1) 確認の意味でビンゴの表現を1回発音します。
2) 3単現の復習を簡単にします。
3) 2人の先輩の作品をグループで読み取り,質問項目の( )を埋めます。下は一人の先輩の作品です。

1−3　No.1　　Akimoto Rio

This is Kagawa Anna. She is a junior high school student. She lives in Kumagaya. She is <u>in the tennis club</u>. She is a good <u>singer</u>. She is cheerful <u>by nature</u>. She has six people in her family. She, grandmother, father, mother, and two brothers. Her birthday is July 1st. She likes <u>vegetables</u>. She is my <u>good friend</u>. I love Anna. ♥♥♥　Thank you.

＊下線の語には日本語の意味を書いておきました。

【質問項目】　1　彼女は(　　)部員。2　性格は(　　)。
3　(　)人家族。4　誕生日は(　　)。5　好きなものは(　　)。

7分ほどで2人の作品を読み取らせ,終わったグループは合わ

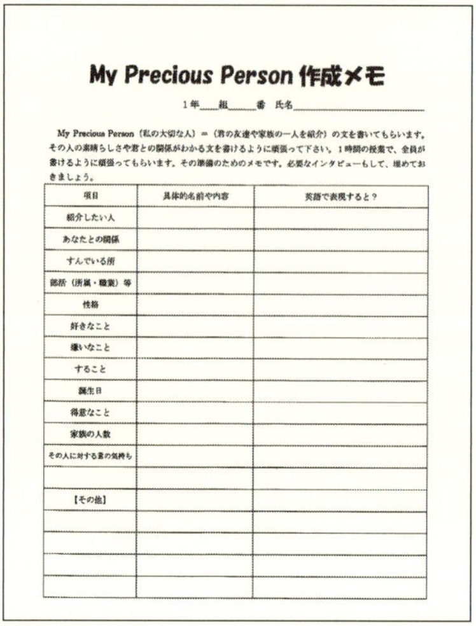

My Precious Person 作成メモ

1年____組____番　氏名____________

My Precious Person（私の大切な人）＝（君の友達や家族の一人を紹介）の文を書いてもらいます。その人の素晴らしさや君との関係がわかる文を書けるように頑張って下さい。1時間の授業で、全員が書けるように頑張ってもらいます。その準備のためのメモです。必要なインタビューもして、埋めておきましょう。

項目	具体的名前や内容	英語で表現すると？
紹介したい人		
あなたとの関係		
すんでいる所		
部活（所属・職業）等		
性格		
好きなこと		
嫌いなこと		
すること		
誕生日		
得意なこと		
家族の人数		
その人に対する君の気持ち		
【その他】		

図4-6　作成メモ

せ読み（一緒に音読）をします。その後，全体で答え合わせをし，作品づくりに使えそうな表現も確認します。

４）実際に My Precious Person を書きます。

作成メモ（図4-6），ビンゴシート，先輩の作品，辞書を頼りに７～10文の作品を書かせます。わからないところはすぐに聞けるように４人グループを作って行います。わからないところは友達に聞く，自分が終わったら周りの人を気遣ってあげること，などを確認しておきます。グループの人全員が７文以上書けたら班長は報告します。終わった人やグループは発表に向けて読む練習をします。読めない単語については教師に聞いてよいことにします。

学力が特に低い生徒には教師が一定の援助をしました。ほとんどの生徒は自分たちで協力し合って，それぞれの作品を一生懸命書き，20分弱でクラス全員が７～14文の作品を書き上げることができました。段階を踏んで指導し，さらに生徒達の学び合う関

係が育ってきているので1時間で全員がしっかりとした作品を書くことができました。

5）最後の7分程の時間になってしまいましたが，コの字型の座席に戻し，6人の生徒に発表してもらいました。1年生の11月の時期としては難しいと思われる表現も含め，どの生徒もしっかり発表してくれました。

　2人の作品を紹介します（図4-7）。

Takuya君はお父さんについて書きました。私は彼のお父さんと一度お話したことがあり，家族のために頑張っているお父さんを私はとても尊敬していました。作成メモをTakuya君が持ってきたとき，お父さんについて書くことを知り，「先生は君のお父さんをとても尊敬しているんだよ」と伝えると彼は，「そうっすか？」と応えました。「君はどうなの？」と聞くと，「僕もです」と。「そう，それじゃ，そのことも書くといいね」。そんなやりとりの中から彼の素晴らしい作品が出来上がりました。

図4-7　My Precious Person 作品例

Akane さんは親友の Yuka さんについて書きました。Akane さんの思考力や表現力の高さが表れる文になっています。

　この方式は他の表現にも応用できます。私自身はこの後，過去形を習って "My Last Week" を，can, can't を習って "What I can do" を，私の同僚は動名詞を習った後 "My Hobby" を書かせました。いずれの場合も未習の表現も含めビンゴで習っておきましたので，その学年としてはハイレベルの作品が出来上がりました。生徒たちは仲間とともに高い課題をクリアーしてしまいました。どの授業でも生徒たちが生き生きと取り組んでいたのが印象的でした。

(3) 歌の導入と鑑賞では

　もうひとつ，私がお勧めしたいのは，英語の歌の導入でグループを活用する方法です。「英語の歌は授業を楽しくする魔法」(生徒の言葉) です。お勧めする Reading-Listening 方式による歌の導入法は，4人グループを有効に活用することで，歌詞を味わい，語法も学べ，生徒を夢中にさせるとても有効な方法です。私はこの方法を採用するようになってから英語の歌の導入がとてもスムースになりました。私が好んで扱う曲の多くは，"Dance with my father"(家族愛)，"I need to wake up"(環境問題)，"The Voice"(Jupiter 英語版：自信と勇気) などのメッセージ性の強い曲ですが，それらを鑑賞させるのにとても有効な方法です。

　準備として，歌詞プリントは左側に英詩，右側に対訳をつけておき，歌詞の中の英単語10〜15個を ( ) にしておきます。8割くらいを既習の語，2割くらいを未習の語にしておくとよいのではないでしょうか。授業では，

　1) その歌や歌手についての説明を簡単にします。

　2) 4人グループになり，歌詞と対訳を読み比べ，( ) に入

図4-8 コの字型の席での授業　図4-9 歌でReadingを進める様子

　　る語を辞書も使いながら考えます（Reading）（図4-9）。15分程。
3）次にグループのまま，曲を聞いて語を確認します（Listening）。読んで予想してあるので，聞く時の集中度は非常に高くなります。5分程。
4）コの字型（図4-8），または前向きの座席に戻して，（　）に入る語の答え合わせをしながら，必要な語法の説明をします。10〜15分程。
5）時間が取れれば，もう一度聞いてもらい，「自分が最も感動する部分」に下線を引き，それをグループや全体で交流し鑑賞を深めます。"Dance with my father"の時の交流などは特に印象的でした。
6）最後に歌の感想を書いてもらい導入は終わりです。

次の時間から，授業の始めに立って歌うようにします。Reading-Listening方式の詳しいやり方については根岸（2010）を参照してください。

3-4　質の高い学びを実現するために

　私たちは，世界の人々とともに生きてゆく子どもたちを育てて

ゆきます。私は,世界の人々と協力して様々な課題を平和的に解決していく人を育てていきたいと考えています。私は英語教育の目的は,英語教育を通して得られる学力の形成と人格の形成だと考えています。英語を使えてコミュニケーションを図れることは大切ですが,コミュニケーションの中身がより重要です。子どもたちの学力形成と人格形成を同時に図れるような優れた教材を発掘し,使ってゆくことが大切です。例えば,次のような方法です。

> (1) 教科書の平和,環境,人権,途上国への支援,愛,勇気,努力などを扱った内容のある教材を活用する。
> (2) 教科書以外の優れた教材を発掘し,交流する。例として,『英語授業をおいしくするレシピと教材』(三友社出版,2011年)に収録されている教材集があげられます。(「五行詩で君も詩人に」「4人グループでクエスチョンタイム」「バイリンガルメソッドでの英語学習」「ハチドリのひとしずく」「セヴァン・スズキ演説」「火垂るの墓」「独裁者の演説」他,多くの優れた教材と実践が紹介されています。)

英語科における協同学習は少しずつ実績をあげてきています。その成果が本書になっていると思いますが,理論的にも実践的にもさらに深め,交流していく必要があると考えています。例えば,①ペアでの活動はできても4人グループでの活動の機会が少ない,②ジャンプの課題をどう設定したらよいのか,③内容のある教材をどう発掘して実践するか,④教科書本文をどう扱ったらよいか,⑤効果的に活動できるグループ編成はどうしたらよいか,等々です。こうした研究や交流の機会が多くなり,さらに充実していくことを願っています。

コラム④ 教師の役割

　協同学習を進めるにあたっては，教師の立ち位置も大事です。教師が黒板の前に立ったままでは，児童・生徒は教師に対してだけ発言してしまいます。すると教師がしゃべりすぎて，教師主体の授業になってしまいます。子どもたちが考えや意見を交流し合うには，教師ではなく，子どもたちを学びの中心に置かなければなりません。教師に対して考えや意見を述べようとする子に対しては，「まず友だちと話し合ってごらん」と伝えます。

　また，教師の目線を児童・生徒の目線にまで下げるといいようです。私はよく椅子に座ったり，しゃがんだりして授業に臨みます。子どもの表情から，学びの深まりの様子が手に取るようにわかります。

　それでは，子どもたちの目線に下がってから，教師は具体的に何をすればいいのでしょう。傍観者になるのでしょうか。そうではありません。子どもたちが主体的に学んでいる中で，教師の出番は必ずあります。そのひとつは，子どもたちのつぶやきを教師が取り上げ，他の子どもやクラス全体に提起することです。いわば「つなぐ」「もどす」活動です。

　たとえば，4人グループで協同的に数字表現に関する授業を扱っていたとき，ある児童が「13，14，15，16，17，18，19は，英語で言うと最後の言い方が似ている」とつぶやきました。教師はすかさず，それをつないで，学級全体にもどします。「○○君は，13，14，15，16，17，18，19は，英語で言うと最後の音が似ていると言っているよ。本当かな。」

　すかさず教師の発音をもう一度聞かせると，「ほんとうだ。ティーンって言っているよ。」と確信したようです。

　このように，教え込むのではなく，子どもたちの気づきをクラス全体のものにして「学びの共同体」へと変えることができるのです。

（辻　伸幸）

5 高校英語授業での協同学習

●各実践の紹介とポイント

　協同学習の導入がもっとも困難なのが高校（とりわけ進学校）ではないでしょうか。理由は，①生徒の学力や進路が多様で，②教科の独立性が高いためトップダウンによる改革が実施しにくく，③授業進度や教材の横並び志向が強いため独創的な授業展開が困難で，④教師主導による一斉型授業の伝統が根強いからです。

　他方で，いまや高校生の平均自宅学習時間は小学生以下です。協同学習によって高校生に学びを回復させることが急務です。ただし，高校での協同学習の浸透には時間がかかることを覚悟し，「隣同士で相談してごらん」といった軽い協同活動から着手し，成果を確認しながら広げ，徐々に仲間を増やしていきましょう。

　高校の英語教育における協同学習で大切なことは，①質の高い教材を深く学ぶこと，②プレゼンテーションやディスカッションなどタスクを高度化すること，③大学受験にも対応すること，④ICT（情報通信技術）などのメディアを活用することです。本章では，それぞれに対応した実践を紹介しています。

　沖浜実践（実践報告⑥）では，チャップリンの名作『独裁者』の演説を教材に，英語の理解に加えて，映画製作の背景，現代社会のあり方，生き方までをも生徒たちに考えさせています。協同

学習に慣れ親しんでいる生徒たちを見て、参観者は「高校生が大きな声で音読したり、自由に発言するのに驚いた」との感想を寄せています。沖浜先生は、「安心して参加できる教室の雰囲気のせいか、どの授業もやりやすくなりました」と述べています。こうした数値化できない成果をもたらすことも協同学習の特徴です。

　高校での協同学習は、大学進学にも効果があることを実証しなければ普及しにくいでしょう。その点で注目されるのが、進学校を対象にした**徳長実践**（実践報告⑦）です。徳長先生は、授業中は「動」（協同学習）と「静」（個別的な学び）とのバランスを大事にし、生徒たちとの"キャッチボール"をしながら授業を進めています。また、個人学習への志向が強い進学校では、ペアワークやグループ活動の方が学習効果が高くなるようなタスクの設定や、学習効率を高めるハンドアウトの活用が重要です。

　竹下実践（実践報告⑧）では、プレゼンテーション能力の向上を中核に据えた英語学習の到達度尺度を独自に作成し、目標を明確にしています。生徒たちは、より高い目標に向かって仲間と助け合いながら段階を進み、プレゼン能力を磨いていきます。はじめは日本語による意見交換だったものが、徐々に英語による意見交換へと成長していきます。そのためには、教師の英語による効果的な発問および説明が大切だとしています。

　田中実践（実践報告⑨）は、ICTと協同学習とを結合した先駆的な授業を展開しています。ブログを用いた英作文では、グループで書いた英文を米国の高校生に添削してもらうことで、学習動機が高まると同時に、国境を越えた協同学習になっています。伝えたい相手を意識した活動になるため、単なる和文英訳を超えた主体的な言語活動へと発展している点も重要です。こうして、生徒たちの大半が協同学習に肯定的になりました。高校生も仲間と学び合う楽しさと有効性に気づいたのです。　　　　　（江利川春雄）

1 実践報告⑥

教材を深く読みとる——『独裁者』演説を使って

沖浜真治（東京大学教育学部附属中等教育学校）

1-1 授業計画

(1) 学校の様子

　2010年度，私は5年生（高校2年生）の担任となり，英語Ⅱの授業を担当しました。素直で明るい生徒が多く，うまく回転するととても楽しい雰囲気で授業ができる学年でしたが，深く考えて質問したり発言する生徒は限られており，英語が苦手なために活動に参加できない姿も散見されました。そんな中でも大部分が大学進学を希望していて，全員を巻き込んでいかに深い学びを実現するかが自分にとっての課題でした。

　当時使用していた教科書（*COSMOS II*, 三友社出版）の最後のレッスンが，Chaplin's Speech for Freedom で，この課には喜劇王チャプリンが俳優人生を賭けて映画『独裁者』を製作した過程が描かれ，最後に有名な演説全文が載せられています。私自身この演説に魅せられ，ぜひ最後の授業として生徒たちに深く学んでほしいと思いました。

　なお，私たちの学校では，2005年から東京大学大学院教育学研究科の先生方にアドバイスをいただきながら，全校的に協同学習を中心とした授業研究を行なっています。教員としては非常に恵まれた環境にあると感じています。

(2) この課で目指したこと

この課の目標について次のように考えました。

① 映画『独裁者』製作の背景を読み取り，今の自分の生活と重ね合わせながら演説の内容を理解する

② 英語の演説らしい表現の特徴（繰り返し，対比）やリズム感を学び，自分でも音読による表現を楽しむ

この演説は，当時の世相についてだけではなく，現代社会のあり方，生き方についても考えさせられる優れた教材であると思います。学び甲斐のあるこの演説を教師の一方的な思い入れで説くのではなく，生徒同士が感じたことを語り合う中で，自分のフィルターを通して理解し，学んでいく機会にしたいと考えました。

(3) 指導計画

この演説の単語や構文の難易度はかなり高く，下手をすると日本語訳や日本語での意見交換だけで終わってしまう可能性もあります。また全文の暗唱に取り組ませるという手も考えましたが，難しい英文だけに形だけの暗唱に終わる危険性もあります。いろいろと考えた末，全体として次のように授業をすすめていくことにしました。

① チャプリン・クイズ，Part 1～3 新出単語・熟語確認，文法項目説明・練習（2時間）（→次ページ）

② Part 1～3 本文内容理解のためのワークシートを使ってのグループでの読解・音読練習（3時間）

③ 映画『独裁者』短縮版鑑賞（1時間）

④ ワークシートを使いながらのグループでの演説読解・音読練習，グループでの自己表現，一部個人暗唱練習・発表（4～5時間）

教科書本文も含めて，チャンクごとの部分訳と内容理解のための発問があるワークシートをグループで完成させながら読解をす

すめ，自己表現で理解を深め，さらに時間の許す限りで暗唱も行おうというイメージです。

＜チャプリン・クイズ＞（英文と答え）
＊グループで相談させてから個人で答えさせます。
1. Chaplin was born in the USA. （F）
2. He had a decent child days with his father and mother. （F）
3. He first showed his talent as a performer when he was 5 years old. （T）
4. He was born in the same year as Adolf Hitler. （T）
5. After Chaplin came to Hollywood, he lived in the USA all the time. （F）

1-2 公開授業にて

(1) 公開研究会のテーマ

2011年2月に開催された公開研究会の全体テーマは「学びを深める協働学習とは」でした。

当日の授業は，この課の2回目の演説の読解（指導計画④）でした。最初にこの日の読解部分の本文の音読から入り，次にワークシートをグループで完成させながら意味を考えさせ，その後全体で確認していきました。最後にグループごとに自分たちの生活に合わせた例文を考えさせました。ワークシートでは，重要な英文については「名訳プリーズ」という指示でその英文が何を言おうとしているかを考えさせるようにしました。

以下に当日のビデオ記録から教師と生徒の発言を起こしたものを交えてご紹介します。

(2) 公開研究会での授業記録から
1）音読と読解のためのグループ活動

　最初にワークシート（図5-1）を見ながら，教師のモデルに続いてコーラスリーディングをします。その後は，グループ内で（　）を埋めて日本語訳を完成させ，さらに一人が1文を担当する形でチャンクごとに日本語，英語の順に交代で輪読していきます。「名訳プリーズ」と書いてある部分には，グループで相談しながら，最終的には自分自身の「名訳」を完成させるように指示します。以降，20分間のグループ作業に入ります。

The Concluding Speech of THE GREAT DICTATOR

3	We have developed speed, but we have shut ourselves in. ＊shut oneself in 自分自身を閉じ込める，閉じこもる	私たちは（　　　）を発達させてきた，／しかし自分自身を閉じ込める結果となった。
4	Machinery that gives abundance has left us in want. ＊machinery（集合的に）機械類 abundance 豊かさ leave ~ in want ～を貧しい／欠けた状態にする	〈名訳プリーズ〉

・3とはどのようなこと？
・4の英文を元にして，指示にしたがって英文を書いてみよう。

・疑問／感想

Class ＿ No. ＿ Name ＿＿＿＿＿＿＿＿＿＿

図5-1　ワークシート例（部分）

2）自分の生活の中から考えてみる

　訳せるけれども実は何を言っているのかよくわからない，そんな声がグループ活動の中で聞こえてきました。こういった部分は自分たちの生活に当てはめて考えさせてみます。

　　　　　　　　　　　＊　　　＊

T：さて We have developed speed but we have shut ourselves in. とはどのようなこと？　さっきほら A さんがこの speed を「速度」って言ったね。でもピンとこないんだよね。実はここで，僕もちょっと詰まるんですね。わかるような，わからないような。例えば僕らの生活の中でどんな例があるんでしょう？
　どんな風に shut ourselves in していると考えられますか？
（反応がないので）黙っちゃったから，1分間だけグループで考えて。みんなの生活の中で，世の中で，歴史的に。

T：（1分後）はい1分。はい，どーぞ。

I さん：インターネット環境が整ったから人に会う必要がなくなった。

T：インターネットってどんどんスピードが速くなってきてますよね。例えばそういうのはひとつの例。現代だったらそういうのがあるかもしれません。他にもなんか思い当たることある？

K君：携帯電話。

T：携帯はスピード化とはどうなの，なんかあるの？　あ，つまりさっと届くということだ，そうだよな。確かに，ぱーっと届く，それはある意味でスピード化して距離が近づいたように見えるけども，本当に近づいているのか。便利になったけどね。そういうようなイメージが浮かぶといいですよね。

3）「名訳プリーズ」で具体的なイメージを持たせる

　「名訳プリーズ」に指定した英文は私がこの演説の核心と考え

た部分であり，特に具体的にイメージを持ってほしい英文です。そのために，納得できる訳文をできるだけたくさん発表させるようにします。

＊　＊

T：Machinery that gives abundance has left us in want. 名訳プリーズ，じゃあこれは誰がいいかなあ？　H君。

H君：豊かさを与えてくれる機械は私たちをダメにした。

（「おー」の声）

T：ああ，「ダメにした」ときましたか。他のグループの名訳は？

Yさん：機械が与えた豊かさは私たちを貧しい人間にした。

（「おー」の声）

Kさん：心が貧しいじゃない？

T：今なんか言いましたね，Kさん，何が貧しい？

Kさん：心が貧しい。

T：心が貧しい，そうだね，まあそういうようなことが，おそらくやっぱり言いたいことかな。物質の世界と心の世界っていうのを対比しながらね。まだどうしても何か言いたい？

Yさん：T君が言いたいって。

T君：機械のおかげで豊かにはなったけども，私たちは常に物欲の中に取り残されてしまった。

T：「物欲の中に取り残されてしまった」。すごいねえ。あの，T君はいつもそういう悩みがあるんですか？

T君：ないです！（笑）

4）自己表現でより理解を深める

最後に，Machinery that gives abundance has left us in want. の英文をもとにして，グループでの自己表現に取り組ませます。

＊　　＊

T：さて，（課題の）4番はMachinery that gives abundance has left us in want. をもとに英文を書いてもらいます。結局この演説の特にこの部分には常に対比があるんですよね。abundance 何だっけ？（「豊かさ」の声）豊かさ，そうだね。機械の豊かさって何？　例えばどういうことを言ってるの？たくさん，いっぱい生産できる？　だから僕らの生活は本当に豊かになってますよね。物がない世界に比べると本当に豊かです。他には何かある？

それからただmachineryって言うと具体性がないので，もっと具体的な例で何かないかな？　僕らの回りのことで，あるいは歴史的にでもいいし。その結果私たちはどうなっちゃっているんでしょう？　便利そうなんだけども，実はもしかして便利じゃないのかもしれない。豊かそうだけども実は豊かでないかもしれない，それは何なんだろう？　というのをみんなで考えます。前やったのと同じで，グループで1枚書いたら（黒板に）貼る，どんどん貼っていく，そんな感じです。みんなで考えて。動詞も変えてもいいんだよ。giveでなくてもいい。

（各グループにB4の白紙1枚とペンを配布し，英文を書いて貼りにきたグループには新しい紙を渡していきました。）

【黒板に貼られた生徒がつくった英文［そのまま］】

Net shopping gives us merchandise, but doesn't give us communication.

E-mail that gives communication has left us in discord.

Medicine that gives health has left us in weak.

Computer that gives convenience has left us alone.

Internet that gives large amount information has left us in

empty of humanity.
TV that gives information has left us in small world.
Cellular that give convenience has left our (between you and me) communication in want.
E-mail that gives BIG MOUTH made CHICKEN BOY!!
Industry that gives advance has left earth polluted.

T：はい，みんな，ごめん，ストップしてー！ まあ，やっぱりどちらかって言うと，例えばcell phoneでしょ，internet，net shoppingとかcomputer関係のものが多いね。これみんな感じてるんでしょう，やっぱり，「どっかうさんくさいなあ」って。

Yさん：うさんくさくないけど。

T：あ，そうじゃないの？ でもどこか，「どうなの？」って思ってるところが，(うなずく生徒を見て) あー，あるんだね。やっぱりね。computerには関係ないけど，これもおもしろいよ。Medicine that gives us health has left us in weak. 薬漬けってやつだね。僕はならないようにします。

Mさん：がんばってください！

　　　　　　　　　　＊　　＊

次の授業では，この時は時間切れでできなかった音読，生徒がつくった英文の訂正も含めた確認をし，さらにその後は後半の演説文をパートごとに読解・音読を行ってこの課を終わらせました。

チャップリンになりきっての暗唱練習は時間の関係でこの日の授業でやったところだけを行い，定期テストでは同じ部分の暗写を予告問題としました。

1-3　授業を振り返って

(1) 協同学習がもたらしたもの

　協同学習の成果については，私たちの学校に関しては，英語の成績そのものへの影響よりも，生徒がやわらかい感じになったことが大きいと思います。公開授業を参観していただいた多くの方々から「高校生がこんなに大きな声で音読したり，自由に発言するのに驚いた」という旨の感想をいただきましたが，安心して参加できる教室の雰囲気のせいでしょうか，全体としてどの授業もやりやすくなりました。公開授業という特別な場面であったにもかかわらず，「こんなに楽しい授業はもう2度とできないかもしれないなあ」と思えた授業でした。

(2) この授業から見えてきたもの

　今回の授業を通して協同学習についてあらためて見えてきたこと，課題がいくつかあると感じています。

①教材の質の高さの大切さ

　なにより教材が深く学ぶに値するものであることが重要です。教師自身がおもしろいと思えるもの，生徒に学んでほしいと思えるものでなければ，深い協同は生まれてこないでしょう。公開授業では「名訳プリーズ」に生徒たちはかなり長い時間にわたって真剣かつ楽しんで取り組んでいました。意訳を考える作業そのものが英語と日本語の違いを強く意識させる意味ある活動だということもありますが，「『独裁者』の演説」という教材の力がそれを可能にしたことは言うまでもありません。

②生徒に迫り，聴きあう関係を促す課題設定の大切さ

　「豊かそうだけれども実は豊かではないかもしれないものを探して英文で表す」という課題は，オルタナティブな生き方への気

づきを意識したものでした。国際的に見て、幸福感を感じている子どもの比率の少なさ、自尊感情の低さというような中高生の実態を考える時、「どこかおかしい今の世の中のあり方」について問う課題は意味があると私は考えています。「うさんくさい」と私は表現しましたが、生徒の中に無意識にある感覚を意識化させることが大切だし、またそれは彼らにとってもおもしろい作業に違いないと考えました。生徒の生き方、意思決定に迫る課題を考えることはとても重要だと思います。またそうした課題ならば、他の人がその教材をめぐってどんな関心を持ち、どんな意見を持っているかを聞きたくなる、「聴き合う関係」が生まれることにもなります。

③英語を英語で学ぶ協同課題は可能か

全体として作業言語としての日本語の比率が高い授業でした。では、同じ内容をもっと英語を使いながら学ばせることは可能なのか、という点についてはもっと考えていく必要があると思います。すべてを英語でやらなくてはならないとは思いませんが、内容理解のための別の課題設定、音読や暗唱など音声表現活動をもっと増やすこと等々を考えてみたいです。

④協同学習と学習成績との関係

私たちの学校に関して言えば、成績の向上という点では今のところ目に見える大きな変化はないようだというのが実際のところです。授業もやりやすくなった、生徒も落ち着いたという声が多数派なのですから、正直言って不思議です。原因としては、生徒の日常的な勉強（家庭学習）時間不足、課題設定を含めた教師の協同学習への取り組みの不十分さなども考えられますが、重要な課題であり、個人的には今後ぜひ具体的な対策を考えていきたいと思っています。

2 実践報告⑦

進学校での協同学習——苦労と工夫

徳長誠一（北海道北見北斗高等学校）

2-1 進学校でこそ協同学習を——様変わりする進学校での授業

　北海道内の進学校に勤務する若手のS先生は，ペアワークやグループ学習を積極的に授業で活用しています。その意義について，次のように述べてくださいました。

> ①講義だけでは生徒は退屈してしまいます。難しい発問ほど，ペアやグループで考えさせると，生徒は盛り上がり，学びが深まります。
> ②実は模試対策にもなります。模試では解答を「書く」わけですが，書くことによって自分の考えを整理することができます。同じように，ペア・グループで自由に議論をし，自分の考えを人に説明することで学びが深まります。

　このS先生のように，特に若手の先生で，授業中での生徒たち同士のかかわりを大事にして，協同学習スタイルの授業に積極的に挑戦されている方が増えてきたように感じます。「上からの指導」というより「草の根」的な広がりです。

　ここ数年で，大学入試問題が大きく変化してきています（長文の語数の増加，自由英作文の広がりなど）。また進学校での生徒たちの気質も変化してきています。「なんで，ここの生徒に，ここまで手をかけなくてはならないのですか」と進学校に赴任した教員はまず驚きます。いまや，進学校の英語教員はかなり多忙

です。授業，課外講習（平日放課後，長期休業），添削演習（個別対応）に膨大な時間を割かれています。そのため，英語教師の個人的な力量に支えられがちだった進学校でも，教師同士が「チーム」として協力しあう場面が増えてきています。

2-2 進学校で協同学習をどうやって進めるか

(1) 実践事例

全国の進学校で広がってきている，協同学習の概念を活かした実践スタイルの一例をまとめてみます（私の実践も含みます）。

	形態	活動	生徒の反応・効果
1	ペアグループ	読み取りしにくい表現について，パラフレーズしあったり，臨場感あふれる日本語に翻訳し合う。	自分が気づけなかったこと，感じられなかったことについて知ることが快感になる。
2	ペア	ペアによる音読演習 chunk（意味のかたまり）ごとにペアで「英→日」「日→英」を素早く行う。	スピードを相手にコントロールされることで，より挑戦的になる。
3	クラス全体	「内容に関する意見」の英文を教師がまとめ，クラスメイト全体で共有する。	クラスメイトの多様な意見から，共感の空気に包まれる。
4	グループ	難易度の高い正誤問題を，知恵を出し合って解く。	持っている知識を総動員して考えあう。

いわゆる「文法訳読式」だけではなく，色々な局面から英文にアプローチをし，設定された最終ゴールに向けて数々のタスクを行っていく動きが広がっています。内容理解や，言語材料の内在化に加えて，英文のリプロダクション（プレゼンテーション，同時通訳活動など）やコミュニケーション活動（ディスカッション，

ディベートなど）といった発展活動にまで進みます。教師自身の創意工夫によって，多様な方法が開発されています。

　新しい高等学校学習指導要領では，英語の「授業は英語で行うことを基本とする」ことが掲げられています。大事なことは「生徒が英語を使う」場面を十分に保証し，生徒が積極的に取り組みたくような授業デザインでしょう。

　もちろん，授業形態だけ整えたからといって，生徒たちが積極的に動くわけではありません。特に進学校での授業形態はまだ，教師による一方的講義が支配的です。それに慣れきっている生徒たちの中で「ペアワーク，グループ活動は面倒だ」「自分一人だけで学習したい」という声が上がりがちです。

　私自身は，授業中は「動」（ペア，グループワーク）と「静」（個別的な学び）とのバランスを大事にすべく，生徒たちとの"キャッチボール"をしながら授業をすることを進めるように心がけています。最近「英語は実技科目」として「動」ばかり求められる授業がみられますが，生徒は「静」の場面で静かに思考・学習したいという要求があるのも現実だからです。

(2) 同僚からの理解を得るために

　「なんだか，最近の英語の授業では，生徒たちは立ち上がり，ペアで楽しそうに音読をしたりしてにぎやかですね。あんなことをしていて，大学受験に対応できるのでしょうか」

　英語科だけが，表面上楽しそうな授業をしていると，周囲から違和感を抱かれやすいです。模擬試験において，学年の平均偏差値が下がったりすると，同僚から強い非難を受けたりします。

　ペアワーク・グループ学習を行う目的は，表面的な楽しさを追い求めることではなく，生徒の学習効果を高めることです。英語科教員は，生徒の反応，作品，模擬試験の結果といった，生徒の

成長を周囲に具体的に示していくことで，無理解だった同僚に，少しずつ共感の輪が広がっていくでしょう。

協同学習にも，もちろん課題はあります。前述のS先生は，以下のように述べています。

---
①すべてのペアやグループを教師一人が観察するのは難しく，話し合われている内容のレベルにはバラツキがあります。
②一切口を開こうとしないペアも残念ながらいます（人間関係や，人前で声を出すのが苦手）。

個々に応じた場面を設定した授業デザインと，どの生徒も間違いを許容されるような安心感があるクラスづくりが大事でしょう。

協同学習を行う利点は「『背伸びとジャンプ』の学び」と「個人学習の協同化」です。

「『背伸びとジャンプ』の学び」では，生徒たちの実力よりはるかに難易度の高い英文の解釈や，「発問」による文章の読み取り，入試問題での正誤問題の判別などがあります。

「個人学習の協同化」では，学力格差が一番起こりがちな英語科なので，まず生徒が「わかる」「できる」実感を抱けることが不可欠です。私自身も知識を活用した発問をするときに，指名する前に「隣近所で話し合ってごらん」と指示する場合が多いです。すると，生徒たちは安心感があるやわらかな表情で，話し合っていきます。ちょっとした授業展開の工夫で，気軽に協同学習を展開することは可能です。

外国語（英語）学習が，他教科と異なる点は「知っている」状態で留めるのではなく，「使える」（発信できる）状態に引き上げる必要があることです。そのために，発信（コミュニケーション）活動が不可欠になります。それが成立するためには，第一に「安心感」，つまりお互いに相手の話を受け止められる関係性が必

要です。第二に「自動化」，つまり学習した事項を無意識に使いこなせることです。そのために，テキストを何度も繰り返し，ペア・グループを活用した音読演習などのトレーニングが大事になります。自分一人だと，英語学習へ強い志のある生徒以外は，どうしても甘えが生じがちになるからです。

2-3 「ハンドアウト」──進学校での協同学習で手助け

(1)「ハンドアウト」の意義

最近全国の多くの進学校で，学年統一の「ハンドアウト」を用いた授業が広がってきています。教科書を軸にしつつも，意味把握に加えて，学習した英文を「使える」，学習した事項を踏まえて「表現できる」まで「ハンドアウト」でタスクを設定していきます。実際，教師用指導書に付属の CD-ROM には chunk ごとの英文・意味など「ハンドアウト」作成に便利なデータが豊富に入っていて，教員に重宝されています。

「ハンドアウト」を通じて，同じ科目を担当する教師の間で，進度の確認に加えて，タスクへの生徒たちの反応といった授業そのものに関して，具体的に話し合いやすくなります。

教師が苦労して作成した「ハンドアウト」を配った瞬間，生徒たちも一心不乱に取り組みだします。ペアで活き活きと英語を使い出します。生徒たちは，教師たちが自分たちのために頑張っている心意気を感じてくれているのかもしれません。

(2)「ハンドアウト」タスクの例

以下の例は，すべて授業中に扱うわけではなく，一部は予習，復習（家庭学習）用になっています。

① **INPUT を中心としたタスク**
　（A）新出単語・熟語：英英辞典の定義とのマッチング等
　（B）教科書本文を用いた Dictation（Listening 対策）
　（B）大意把握：内容真偽（T-F など）
　（C）各文の意味把握（chunk の活用など）
② **INTAKE を中心としたタスク**
　（A）音読演習：①単語，熟語　②chunk ごと
　　　　　　　　③ペアで chunk ごとに「英↔日」など
　（B）日→英：1文丸ごとの再生演習（暗写）
　（C）Error Correction（間違い探し）
③ **OUTPUT を中心としたタスク**
　（A）内容に関する英問をつくり，ペアで出し合う
　（B）Summary：本文に関する要約
　（C）Opinion：本文に関する自分の意見を英語で書く
　　　　ペアやグループ内，クラス全体で意見交換もある

〈Hand Out の task 例〉

（1-c）chunk ごとの意味把握…文頭から語順のまま理解できるため。予習として家庭学習にまわすこともできる。

欄外に既習事項をヒントとして示しておくと英語に苦手意識を抱く生徒に助けとなります。高1生には，中学教科書の例文を示しておくと，中高間の「橋渡し」にもなります。

【高1学習文】	【中3教科書】
I have been here since two o'clock.	Program 2-1：
私は（　　　　　　　　　　　　　　）	He's **been** to Kyoto three times.

（2-C）音読演習…「日→英」という順番なのは，最終的に英語で output して欲しいからです。ペアで一方が日本語を言い，

他方が以下の英文でブランクを埋めながら再生します。こうした挑戦的な活動を組むと、ペアでの取り組み甲斐があります。

| 教えることは、2度学ぶことである。 | _____ is _____ twice over. |
| 教えるべきは知識ではない。知識を得る方法だ。 | It is not _____, but the _____ of gaining _____ which I have to teach. |

「ハンドアウト」での授業にも課題があります。生徒の状況を無視し、機械的にタスクをこなしがちになるということです。英語授業は、単なる四技能向上のトレーニングの場ではなく、あくまでも学習の場です。生徒たちをよく観察し、指示・発問の仕方を変えるという教師の「直感」を磨くことが大切でしょう。

また「ハンドアウト」には、最低限の共通事項をのせて、あとは各教員が柔軟に対応できるようにするという「余白」を設けておきます。各教師のこだわり、教えたいことも尊重することです。

2-4 「文法・訳読教授法」における協同学習

(1)「文法・訳読教授法」の利点と問題点

「文法・訳読式教授法」が「役に立たない」学校英語教育の象徴として批判されがちです。ここでは冷静にその利点と問題点を見つめてみます。

進学校で扱う大学入試対応の教材は、多くの生徒にとって簡単ではありません。「文法・訳読教授法」は、教師たちが「何とか理解してもらおう」という「善意」で、丁寧に説明するために用いられてきています。高校現場で「生徒が英語を使う」授業が広がるにつれて「生徒たちがきちんと理解・運用できるのだろう

か」という不安感を抱いている教師たちも少なくありません。大事なのは「生徒が英語を使う」という活動に「文法・訳読式教授法」での良さも位置づけ，バランスよく行うことなのでしょう。

【利　点】
□　予習段階や，授業中に何をするのかが，大体わかる。
□　文構造解析と和訳を通じて，文脈に即した訳語を考えられるようになる。

【問題点】
□　教師による一方的な講義（解説）が中心になりがち（生徒が受け身の姿勢に）
□　上位層以外は予習がかなり困難で，「英語は難しい」と挫折しがち

(2)「文法・訳読式教授法」でも協同学習を

進学校で扱う英文は，以下の2つの段階に分かれています。

（a）英語を英語として理解できる程度の単純な文や文章
（b）英文解釈や和訳を行うことで，ようやく理解できる複雑な文構造を持った文や文章

「文法・訳読式教授法」への批判のひとつは，（a）（b）両方とも，教師が一方的に講義ばかりしていて，生徒が英語を使う場面をほとんど設定してこなかったことにあるでしょう。日本では未だに「40人学級」という，外国語を学ぶにはあまりに厳しい環境があるため，こうした講義形式が主流になってきました。

日本人は「外国語としての英語」（EFL）を学ぶ環境にいて，また日本語と英語は言葉の仕組みが大きく異なります。そのために，意識的な文法学習と，母語を利用した演習も重要になります。基本的な文法を定着させるために，ある程度複雑な構造を持った

文・文章での演習（英文解釈や和文英訳）が不可欠になります。

そのため、「ハンドアウト」等を活用して(a)も(b)も演習できるようなタスクを設けます。(a)に関しては、大意把握演習で、英語を英語のまま理解する速読力を育成するタスクとします。(b)に関しては、ひとつのパートから、生徒たちにとって理解しにくい英文を1～2文抽出し、予習として和訳等の英文解釈を要求します。そして(b)を従来の教え込みスタイル（生徒個人への指名と、教師による解説）ではなく「背伸びとジャンプの学び」が成立するような協同学習のスタイルに変えていきます。

まずは、ペアやグループで、自分が予習してきた結果を確認し合います。教師は生徒たちの話し合いの様子などから、何をポイントにすべきかを考察した上で、英文の意味や事実関係を問う「発問」をして、全体に投げかけます。話し合いによって、生徒間で「自分の言葉で説明する」という、自分の理解を確認でき、思考力や表現力を伸ばす観点を活かせます。

私も以前は「わかりやすい授業」を目指し丁寧な説明を心がけましたが、生徒が受け身の姿勢になっていたのは否めません。協同学習スタイルで、生徒間での話し合いを尊重するようになってからは、生徒たちが「わかりたい」という気持ちになり、必死に辞書や参考書、教科書や過去のハンドアウトなどを参照するようになりました。

生徒が学習意欲を高め、自律的な学習者に育っていくための原理・原則は「わかりやすい授業」から「わかりたくなる授業」への授業改善でしょう。

「使える英語」を目指すには「学問的な理解」と「トレーニング」の両方のバランスが必要です。「授業は楽しい気がするが、成長しているようには感じられない」と生徒たちが思わなくて済むようにしたいものです。

2-5 まとめ——進学校での生徒気質を活かそう

　成果の出ている進学校ほど,個々の生徒が競争で孤立しているのではなく,生徒同士や生徒と教師たちとの関係が良好なのです。自主的に教え学び合う生徒文化が,先輩から後輩へ脈々と受け継がれています。校内の学習室等で黙々と取り組んでいる先輩の後ろ姿に,後輩たちは憧れます。激しい部活動後に,即座に気持ちを切り替え,帰りの列車で勉強を始める先輩の姿に,後輩たちは憧れます。放課後の教室に,数式がたくさん板書されているのです。廊下から見てみると,先生役の生徒が,苦手な生徒に,やりとりをしながら丁寧に解説をしているのです。

　成果の出ている進学校の職員室では,教師たちは模擬試験の偏差値に一喜一憂するよりは,個々の生徒にとって何が最善か,生徒たちの雰囲気づくりをどうするかなど,生徒を中心とした教職員間での対話が尽きないようです。

　大学入試対策で用いられる長文の多くが,現代社会の諸課題を生徒たちにするどく問いかける良質な文章です。生徒たちは「英語で世界が広がる」喜びを味わえるのです。

　良質な教材を用いて,生徒たちの知的好奇心を喚起し,生徒が共に学び合う喜びを実感し,コミュニケーション力が高まるような授業を目指しています。特に進学校の生徒たちは,挑戦したいのです。「知」をめぐって,生徒たちがかかわり合い,生徒たちと教職員がかかわり合えること,これこそが高等学校という場で行えることです。

　私自身も,その若き生徒たちの挑戦心に応えるような授業を目指し,日々,職場内外でのネットワークを活かし「協同学習」を実践しています。

3 実践報告⑧

プレゼンテーションとディスカッションの力を高める

竹下厚志(神戸大学附属中等教育学校)

3-1 英語学習上の位置づけ

プレゼンテーションやディスカッションは,「高等学校学習指導要領解説 外国語編・英語編(2010)」の「英語表現Ⅱ」において,「プレゼンテーションとは,聴衆に対して情報や提案などを分かりやすく提示して説明する活動である」,「ディスカッションとは,議論に参加する者が,互いに意見を出し合ったり,情報の交換をし合ったりしながら,話題に関する理解を深め,参加者どうしの相互理解を深めたり,意見をまとめたり,問題を解決する方法を見出したり,合意できる部分やできない部分を整理したりする言語活動である」(p.31)とあります。

生徒たちが,これらの活動を通して「生きる力」を身につけ,将来,地球市民の一員としての自覚をもちながら生きていけるようにすることが以下の活動の目的です。

3-2 高校英語学力の到達度尺度

筆者が勤務した神戸市立葺合高校では,ディスカッションを含めたプレゼンテーション能力の向上を中核に据えた英語学習の到達度尺度を作成しました。「ヨーロッパ言語共通参照枠」(CEFR)を参考にして初歩的なA1から高度なFレベルまでを設定しまし

た。このうち，本稿では普通科レベルの生徒を対象にしたA1からC1までのレベルを中心に述べていきます。表5-1に，各レベルの全体的特徴とプレゼンテーション能力のレベルを示します。

3-3 協同学習との関係

協同学習はJohnson (2002)によると，次の各要素を含む必要があると言われています。
①互恵的な相互依存性
②対面的な相互交渉
③個人としての責任
④社会的スキルや小グループ運営スキル
⑤集団の改善手続き
EFL環境において英語に触れる機会が教室に限定されていることを考えると，コミュニケーション能力の向上のためには上記の5つの要素を加味した学級経営が必要になってきます。特に，プレゼンテーションやディスカッションなどのインターアクションを伴う活動であれば，このことはより強調されます。個人の英語力を向上させるには，その人的環境である教室集団の力を向上させ，相補完的な関係を十分考慮に入れながら指導しなければなりません。

図5-2は授業を進めていく上でのクラス内の様子（class community）を示しています。クラス全体を英語のみで言語活動が行われるESLのような環境に徐々に整備していくことが教師としての役割です。個々の生徒が自分なりの英語（My English）を使って，情報や意見を"お互いに通じる英語（Class English）"で共有することで，個人および集団としての力（英語力および共生力）を育成し，生徒自身が外界である現実世界に目

表5-1 神戸市立葺合高校の到達度尺度第6版(抜粋)

レベル	全体的特徴	プレゼンテーション能力
C2 C1	情報の概要を捉えることに優れている段階である。語彙数には限界があるが、発言内容に矛盾が無く一貫性があり、結論とその根拠が明確である。また、情報収集力に優れ、外国人に質問したり、メディアから情報を集めたりしたものを簡潔にまとめ発表できる。やり取りにおいて quick response が比較的可能で、相手の意見と自分の意見を比較・対照しながら表現することができる。	学習した社会問題、国際問題を発展させ自分で関連情報をリサーチした上で、レポートにまとめた後、グラフ、図を示し、メモを見ながら事実関係と自分の考えを明確にプレゼンテーションすることができる。その後、聴衆と予測可能な質疑応答が比較的スムーズにできる。
B2 B1	コミュニケーションへの積極的参加が見られる段階である。日常的な話題については、はじめることも終わらせることも可能で、何とかやり取りを維持できる。表現内容に限界があり、global error もたまに見られる。理解においても情報が多方面にわたると、要点を理解できない場合がある。発言内容は詳しく述べることには限界があるが、自分の表現したいメッセージは相手に伝えることができる。理解する時のノートテーキングの上達が見られる時期である。	学習した日常的な話題について、パラグラフ構成が比較的明確な原稿に基づきプレゼンテーションすることができる。10分程度でグループで協力しながら比較的自然な言葉遣いで表現することができる。発表後のやり取りでは予測可能なものについては質問に答えたり、追加情報を述べたりすることができる。
A2 A1	自分と直接関係のある内容について表現でき、理解できる段階である。表現内容は、かなり単純化されている。また理解においては、身近な内容なら要点を把握することができる。語彙数、表現方法にかなり限界があり、breakdown は頻繁に起こり、global error も多々見られる。援助があれば、比較的長く会話を続けられ、予測可能な話題については時間をかければコミュニケーションを維持できる。	学習済みで、十分練習したものであれば身近なまたは日常的な話題についてのプレゼンテーションができる。グループで5分が限度であるが、絵を使いながら効果的に表現することができる。また、自分と直接関係する経験談等では比較的流暢に Show & Tell ができる。

注) 上記の領域では A1 A2, B1 B2, C1 C2 がそれぞれ同じ記述になっていますが、4技能 (Listening, Speaking, Reading, Writing) はそれぞれのレベル別表記になっています(詳しくは葺合高校ホームページを参照)。

を向け働きかけていく姿勢を身に付け，自律した学習者として成長させていくことが学校における英語学習の目的です。

3-4 プレゼンテーション・ディスカッションに必要な基礎技能

21世紀に生きるために必要な英語力は，「多文化共生社会における実践的コミュニケーション能力」に尽きると思います。つまり，英語を通して人や情報と相互作用的に関わっていくことです。

しかし，コミュニケーションを行うためには，まず，英語に関する基礎的な個人の技能（基本的な語順であるSVOまたはSVCの文形成がかなりスムーズに行われ，口頭または筆記で表現できる）が必要ですし，それに加え，自分について深く知る必要があります。これは先述の個人に係る「技能面」と「内容面」です。

個人に係る内容面については，単純な自己紹介にとどまらず，自分はどんな人間で，自然，社会および歴史の中でどのような存

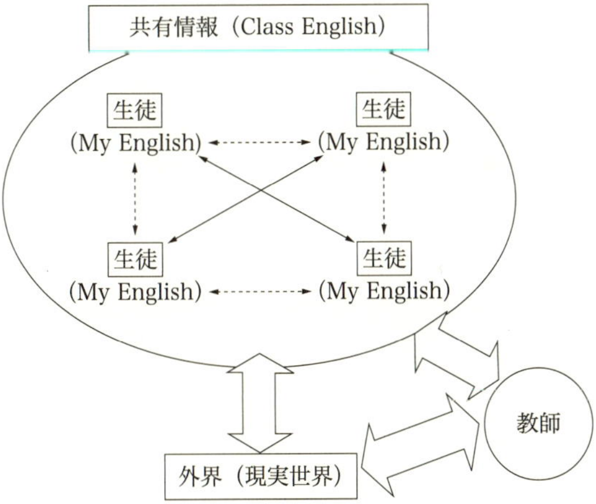

図5-2　クラス・コミュニティ

在なのか,また,さまざまな事象に対してどう思うのか,賛成か反対か,またその根拠は何かなど自分の価値観や考え方を明確に持っていなければなりません。プレゼンテーションやディスカッションにおいても常に,この「自分からの視点」が必要です。その意味で,「自分学」または「自分探し」英語学習の柱のひとつになります。これからの英語教育は,特にこの点を強調してもいいかもしれません。

プレゼンテーションやディスカッションができるようになる基礎トレーニングとして,これら2つの要素を合わせた指導を具体的な授業計画に組み込む必要があります。筆者は帯単元として,既習内容を何度もサマリーさせた上で,自分の意見を付加することを生徒に求めました。以下に具体例を示します。

【帯単元の目的】
①既習単元の復習　②自己紹介の拡充
③質問の基本練習　④基本文型の自動化

上記の目的の中で,My name is Taro. I'm from Kobe City. という中学校で学習してきた自己紹介文に,既習単元のサマリーや自分の考えを付加していきます。例えば,"My name is Taro. I'm from Kobe City. I'm interested in garbage problem. Almost every day garbage problems are on TV. I agree with Emily. I think everyone has to take action...."(下線部は教科書の英文)などと学習した英文に自分の意見を徐々に付加していきます。口頭で行うと同時に,ノートに書き留めさせておくことも重要です。見た目にも自分の英語力が伸びてきていることを実感させることができ,教師が時々,コメントを書いたり,誤りの確認(特に,主語+動詞+αの語順)をしたりすることによって正確さへの「気づき」も高まってきます。

また，自己紹介を深化させながら，単純な1文レベルの自動化を図ることもできます。リーディングにおいて，いわゆるslow learnerは1文の統語処理に多くの注意資源を割くために英文全体の理解に到達しないことが指摘されています。その意味で，この活動は少しでも英文の意味理解に注意資源を使えるようにするための基礎トレーニングとしての意味合いもあります。

　これらの帯学習も協同学習で行います。重要になるのは協同学習の①互恵的援助，②対面的な相互交渉，③個人の責任です。まず，③個人の責任として，既習単元のサマリーを含む自己紹介文を作成し，原稿を見ずにスムーズに口頭で発表できなければなりません。主に家庭学習として何度も音読練習する必要があります。ここは誰も助けられません。

　①互恵的援助はペアにしろ，グループにしろ，話し手を励まし，聴こうとする姿勢から始まります。その意味でアイコンタクトを取ったり，相づちを打ったりすることはきわめて大切です。また，ここではコミュニケーションというより，お互いに誤りを指摘したり，より良い表現を助言したりすることが優先的に求められます。一種のpeer evaluationと考えてもいいかもしれません。

　②対面的な相互交渉については，ある程度自己紹介がスムーズにできるようになったら，お互いにさまざまな質問をすることです。技能面からは，初歩的な段階では5W1Hを中心に話し手の情報が不足している部分を質問します。この「質問する力」がプレゼンテーションやディスカッションが成功するための最大のポイントになります。どちらの活動にしても聴き手の存在がないと成立しませんし，聴き手が受け身ではなく能動的に聴くことができて，はじめて話し手の存在意義が生まれます。

3-5 プレゼンテーションまでの手順

例えば、先述の葺合高校が設定した C1 レベルのプレゼンテーションを行うには、帯単元における自己紹介の延長として Show & Tell からはじめ、徐々に内容を高度化させていく必要があります。そして、「Ⅰ 要約」→「Ⅱ 思考」→「Ⅲ 表現」の3つの段階が必要です。以下それぞれについて説明します。

表5-2　要約・思考・表現と協同学習との関係

	主な内容		協同学習との関連
要約	主張文・提案文 ・主張・提案の明示 ・根拠の明示 ・事実と意見の区別	物語文・体験談等 ・5W1H ・話のおち、結末	③個人の責任 ↓ ①互恵的援助
思考	賛成の根拠 ／ 反対の根拠 ・理論的根拠 ・経験上の根拠（共感または嫌悪） ・常識的根拠 ・反対の場合、相手の立場からの分析と妥協点（現実的解決策）の模索 ・今後の行動への反映	・感情面での考察（共感・嫌悪・驚き） ・登場人物の考え方、生い立ち、行動等に対する推測 ・教訓上の解釈 ・自分の日常生活や価値観との比較 ・今後の行動への反映	③個人の責任 ↓ ②対面的相互交渉 ④小集団対人技能 ↓ ③個人の責任
表現	・英借文（本文からの抜粋） ・主張（意見）の明示 ・根拠の明示（調査データ、一般常識、理論） ＊自然、社会、歴史的観点からの考察と表現 ・パラグラフごとの論理性、結束性、一貫性 ・聴衆へのアピールの工夫（プレゼンテーションの初めと終わり） ・提示の仕方の工夫（パワーポイントなどの道具の使い方等）		③個人の責任 ↓ ①互恵的援助 ↓ ②対面的相互交渉 ④小集団対人技能 ↓ ③個人の責任 ↓ ⑤集団改善手続き

(1) Ⅰ 要約＝理解および表現の鍵

　コミュニケーション活動は理解力より表現力が強調されることも多いですが，理解力に重点を置いたほうがプレゼンテーションやディスカッション活動はうまくいきます。高校生がたとえば，先述のC1レベルの英語を，モデルとなるインプットなしに表現することは現実的には不可能でしょう。英語で表現するためには理解された英文をある程度そのまま使って表現することになります。また，母語によるコミュニケーションにおいても話し手や書き手の内容をそのままの言葉として理解するのではなく要約しながら理解し，それにもとづいて自分の意見等を表現します。この両方の意味で，英語学習は理解にしても表現にしても，内容を要約することが鍵になります。

　要約するには，はじめは，教師の発問がポイントになります。例えば，「児童労働」を扱った英文について以下のような発問を通して事実を確認します。

・What is mainly written about in the passage?
・How many working children are there in the world?
・How are the working conditions like?
・What does the writer think we should do against child labor?

　最終的にはこのような発問をせずに，生徒が自ら要約できるように仕向けていきます（③個人の責任）。そして，出来上がった要約に不足情報がないかをペアやグループで確認し合います（①互恵的援助）。その後，要約文を文字を見ずに言えるまで音読練習します（③個人の責任）。これがスムーズに言えるには，教師が英語で上記のような発問を行う段階で，生徒が文字を見ずに言えるまで繰り返し行うことがポイントです。

　要約文は初期の段階では全員が同じ内容になります。全員が同

じ英文を口頭で話せることによってクラス内の共有の英語となります（class English）。この共有の英語を使って，今後の意見交換等のインターアクションの活動につなげていきますが，段階が上がるにつれて，個々の生徒が自らの要約文（My English）を作ることによって要約文そのものの解釈の違いなどについても生徒同士のやり取りの場面が生まれ，よりインターアクションが活発になっていきます。

(2) Ⅱ 思考＝モノとの対話・人との対話・自分との対話

母語では，読んだり聞いたりしたことを理解することと同時に，それに対してどう感じるのかなどの思考がほぼ同時に起こると考えられます。しかし，外国語では，「要約」→「思考」の順序でひとつずつ押さえていくほうが少なくとも初期の段階では指導しやすいと思います。表5-2において，説明文や物語文等を使った場合の思考の構成要素と協同学習との関係の一例を示しています。ここで最も大切なことは，自分で考えることです（③個人の責任）。

ほとんどの高校生は当初，日本語で思考することになると思います。再度もとの英文に立ち戻ったり，今後，新しい英文を読んだり人の話を聞いたりする時には，日本語で思考したことが糧となって，より注意深く理解していく姿勢を生みます。そのためにはじっくりと沈黙の時間を与えることが大切です。

続いて，ペアやグループで意見交換となります（②対面的相互交渉・④小集団対人技能，人との対話）。他の意見を聞いて自分の意見や考えと比較・検討することによって新しい見方・考え方を「再組織化」（多田，2003）していきます（③個人の責任）。

当初は日本語による意見交換だったものが，英語の技能が上がるにつれて，英語によるインターアクションも可能になってきま

す。ここでも教師の英語による発問および説明がポイントになります。先述の「児童労働」に関する例では，次のような，生徒の発言のヒントになる英語で説明します。

> Do you think child labor is a problem? I think it's a big problem, but in the country where children are forced to work, many people are poor and they cannot live without making their children work. Someone says people in developed countries have to help those children. We all have the same right to live a happy life. What do you think about child labor? Do you think we should do something for them?

もし，生徒が不正確な英語または情報不足の発言であれば教師がそれを補い，教師の英語の後にリピートさせます。また，ある生徒から Yes, I agree with Mr. Takeshita. I think it's a big problem. We are all happy, so we should do something for them. という発言を引き出すことができれば，Miss ○○ says we should do something for them. Do you agree with her? または，Miss ○○ says we are all happy. Do you think so, too? と他の生徒を巻き込みます。

これらの活動を繰り返すことによって，相手の発言に対してどのような質問をしていけばよいかを体験させます。はじめは，日本語と英語が混在してもいいと思います。大切なことは英語と係わりながら「考える」ことです。ディスカッションは表面的な英語のやり取りではなく，思考を伴ったものを目指すべきです。

(3) Ⅲ 表現＝学習内容と意見表明の統合化

プレゼンテーションは，教科書等で学習した内容，調べ学習，自己理解，意見表明，他者とのインターアクション，他者理解そ

して日常生活への反映等をまとめて扱うことができるので、総合的な英語力の向上につながると考えられます。先述の「技能」と「内容」を並行して向上させるために、複数の単元のまとめとして位置付けると、学習の具体的な「目あて」ができます。

本格的なプレゼンテーションでは、本文の内容からでは情報が不足していることについて、調べ学習をすることから始まります。この調べ学習は、地域・テーマ・分析項目等ごとにグループで分担します（③個人の責任　①互恵的援助）。

持ち寄ったものをグループとしての統一意見ができるように検証します（②対面的相互交渉　④小集団対人技能）。ただしこの場合もグループ内の個々の生徒が自分の意見をもつことが最優先されます（③個人の責任）。

発表原稿を作るには技能面としてパラグラフに関する知識と書く能力が必要です。グループ内で分担することも可能ですが、まずすべてを個々の生徒がブレインストーミングをもとに書く（③個人の責任）ことのほうが個人の力量も上がり、グループとしての原稿に仕上げるときに意見が出やすく、またメンバーからの援助も得やすく、他の原稿を見ることによって自分の原稿をより良いものにするヒントを得ることができます（①互恵的援助　②対面的相互交渉　④小集団対人技能）。

予測される質問を想定したうえで、発表原稿のボディを仕上げていき、後はプレゼンテーションの初めと終わりの発言の工夫をすることです。例えば、次のように聴衆に話しかけるなどの発言を工夫します。

　　Hello, everyone. First of all, I have a question for you. Are you happy? I suppose most of you say yes! Because you have many things such as TV, mobile phone, bicycle, your own room, food, etc. But think about one thing. If you lose everything I have mentioned, do you hopelessly become unhappy?

また，最後には Boys and girls in those countries are waiting for you. A friend in need is a friend indeed. などと諺を使うなどして聴衆の記憶に残るような発言を工夫します。あとは，パワーポイントを使うか，紙芝居風にするかなどの見せ方を考えます。

最後に，一連の活動を個人とグループの両方の観点から振り返り（⑤集団の改善手続き），個人と集団がどのように成長し，今後の課題は何かを考え，具体的な学習および行動計画を立てます。

3-6 まとめ

英語を通して個人および集団の成長を促進するための指導の一例をこれまで示してきました。英語学習はあくまで英語力の向上が優先されるべきです。ただし，地球市民として必要な英語力を養うためには，他者と相互交流しながら自然的・社会的・歴史的事象について考え，存在としての個を確立していくことを念頭においた英語指導実践をすべきだと思います。

この項の趣旨は，帯単元およびプレゼンテーションやディスカッションを通して要約力・思考力・表現力を高め，自己理解，他者理解を図り，そして日常生活を見直し，具体的な行動につなげていくことねらいとしました。紙幅の都合上，細かい指導のステップは省略していますが，英語指導全体の中で，上述の自己紹介の拡充やプレゼンテーション，ディスカッションにおける各段階は鍵になると思います。これらの要素を指導計画に明確に位置付けていけば，地球市民としてのコミュニケーション能力の基礎が育成されるのではないかと思います。

4 実践報告⑨

ICTを活用した協同的な英語授業

田中智恵（和歌山県立和歌山高等学校）

4-1 なぜ協同学習とICTを結びつけるのか

　高校生の携帯電話所持率は2011年で既に95.6％，家庭でのパソコン利用率についても87.7％に達しています（内閣府，2011）。今やほとんどの生徒が，生まれた時からインターネットやコンピュータがあり，それを当然の環境だとして育ってきた「デジタルネイティブ」と呼ばれる世代です。時代の先端を行く彼らの目線に合わせた「変化」が，授業にも必要ではないでしょうか。

　ICT (Information and Communication Technology) は，時間と距離を超えて世界のあらゆる情報にリンクできるという利点があります。それゆえに，これまでは個人に対応した学習ツールとしての利用価値が重視されてきました。しかし，より質の高い学びを実現させるためには，他者との関わりを重視した協同的な学びが必要です。そこで，ICTと協同学習を結びつければ両者の利点を生かした新しい学習スタイルが実現すると考えられます。最先端の技術と学習方法の融合を試みる意義は大きいでしょう。ICTは教材や学習活動の多様化をもたらすだけでなく，インターネットを介した双方向コミュニケーションをも可能にします。つまり，遠隔の学習者との協同学習も可能になるわけです。

　ICTを効果的に活用した協同学習によって，「個の学び」と「協同の学び」が同時に支えられ，理解が深められるでしょう。

4–2 ブログを用いたライティング活動

(1) 授業のデザイン

この実践では，協同学習のなかでICTを効果的に活用することによって，生徒の英語に対する学習動機を高め，コミュニケーション活動の活性化を図ることを目的としました。対象は，学校設定科目「英語表現」を履修する高校3年生2クラス79名。私立文系大学進学を希望する生徒が中心で，英語に対する学習意欲はそれほど高くなく，7割近くの生徒が苦手意識すらもっていました。ICT活用状況に関する事前アンケートによると，ほぼ全員の家庭にPCとインターネット環境があるにもかかわらず，ICTの利活用は不得意という生徒が大半を占めていました。そこで，協同学習を実践するにあたっては，男女比，PC活用能力を考慮して4人1組のグループを編成し，各2台のPCを配置しました。

授業では，主にブログを用いたライティング活動と，パワーポイントを用いたプレゼンテーションを行いましたが，ここでは前者の例を紹介します。このライティング活動では，インターネット上に「学習者が相互に情報発信できる場」としてのブログを設け，各グループがそれぞれ投稿した記事を共有し，コメント欄を使って交流できるようにしました。ブログ自体が同時に「コミュニケーションの場」となるようにし，米国高校生との交流活動も取り入れました。

(2) ブログの設定

ブログ活用の利点には，①ユビキタス（いつでも，どこでもアクセス可能），②携帯電話やスマートフォンからもアクセス可能，③操作が簡単，④画像添付による補助が可能，⑤監視しやすい，などがあります。実践では無料のブログシステムWeb Diary

Professionalを採用し，容量1GBを年額1,500円で利用できるレンタルサーバSAKURA Internetに設置しました。担当教員は管理者として記事編集，コメント管理，カテゴリー設定などの権限を持ち，常にブログを監視します。今回はブログの主要部を英語表記にしました。これは交流活動の際に米国の生徒も容易に利用できるようにするという配慮もありましたが，英語使用環境の雰囲気作りにも効果があったように思います。

(3) 指導上の留意点

生徒主体の学習スタイルで，生徒自身が目標設定しやすくするには「何をどう努力すればいいのか」「なぜそれをするのか」を伝える必要があります。明確な指示が明確な目標設定につながるからです。そこで協同学習とICT活用が相互に機能するよう次の点に留意しました。

①授業の目標・内容・評価規準を明確に提示する
②作業手順や指示を分かりやすく提示する
③自己評価・相互評価の機会を提供する
④情報モラル教育の徹底をはかる

なお，①②についてはパワーポイントを用いて，生徒が随時確認しながら作業を進めていけるよう配慮しました（図5-3）。

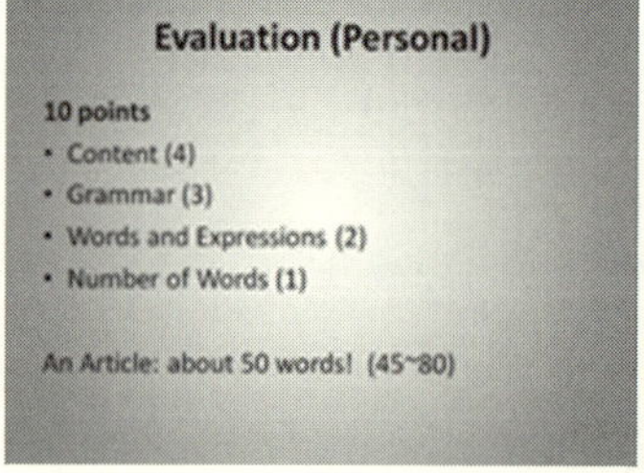

Evaluation (Personal)

10 points
- Content (4)
- Grammar (3)
- Words and Expressions (2)
- Number of Words (1)

An Article: about 50 words! (45~80)

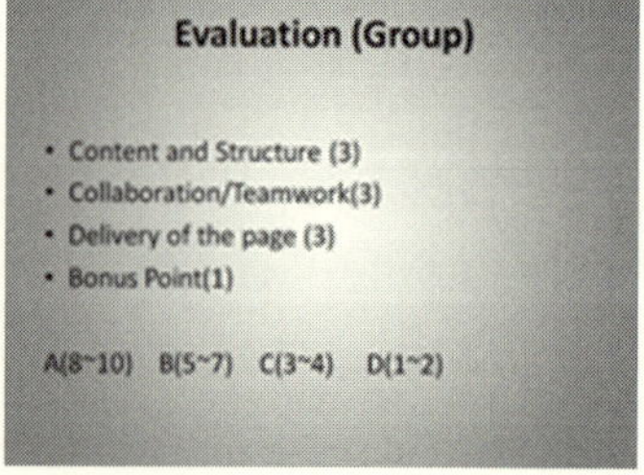

Evaluation (Group)

- Content and Structure (3)
- Collaboration/Teamwork(3)
- Delivery of the page (3)
- Bonus Point(1)

A(8~10)　B(5~7)　C(3~4)　D(1~2)

図5-3　評価規準提示画面

(4) 具体的なライティング活動

基本的には［記事の作成→ブログに投稿→コメント交換］の形式をとりましたが，米国高校生との交流を考え，双方に有益な内容となるよう「異文化理解」をテーマの中心におくことにしました。評価規準についても記事の構成，表現，活動状況等，項目別にポイント設定し，評価基準を各課題の最初に説明しました。評価のために，課題ごとにスコアシートを用意します。

各課題の要点を表5-3のようにまとめます。

表5-3 課題とその概要

	課題	評価対象	評価項目	概要
1	自己紹介 (国際交流 活動①)	個人	語数 内容	自己紹介の英文をブログに投稿。米国高校生にも自己紹介を投稿してもらい，コメント欄を通じて交流。
2	学校紹介 (国際交流 活動②)	個人 グループ	語数 内容 文法・表現	日米双方の生徒がグループごとにテーマを設定し，記事を作成して投稿。画像も添付。
3	日本文化紹介	グループ	記事の構成 協力度 デザイン 画像添付	各グループでテーマ設定し，日本文化の紹介記事を作成，投稿。画像も添付。
4	日本の昔話	個人 グループ		グループで昔話の題材を選び，8コマ完結の物語を構成。各自2コマの英文と画像を担当。画像も添付。
5	その他 a) コメント 　入力状況 b) 夏休み課題	個人	語数 内容 文法・表現	1) 他の生徒の記事へのコメント入力。 2) 夏休みの計画および報告を記事にして，各自が自宅PCや携帯からブログに投稿。

【課題1】国際交流活動①：自己紹介

ブレインストーミングしながら自己紹介マップを作成し，自己紹介の文章を組み立てていきます。50語程度の英文が完成したらブログに投稿します。米国高校生にも自己紹介を投稿してもらい，コメント欄を通じて交流をはかりました。生徒は自分の記事にコメント投稿があると喜んで返事のコメントを投稿するなど，活動への動機づけとなりました。

【課題2】国際交流活動②：学校紹介

グループごとにテーマを設定し，テーマに沿った4つの記事を各自が作成しました。最後に，デジタルカメラで撮った画像も添付し，グループで1つの記事にまとめました(図5-4)。「授業」「先生紹介」「学食」「部活動」等，テーマが重複しないよう調整が必要でした。米国高校生による学校紹介記事はグループ別に要約し，発表してクラス全体で共有しました。この活動では，要点のとらえ方，まとめ方の難しさに気づいたようです。ネイティブも意外と文法ミスやスペルミスをするのだという驚きもありました。

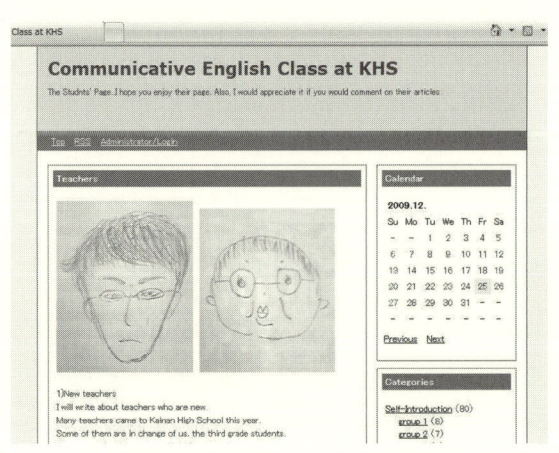

図5-4　学校（先生）紹介ページ

【課題3】日本文化紹介

「和菓子」「和服」「正月」などのテーマについて,グループ内で協議しながらひとつの記事にまとめました。記事にはペイントソフトによる自作の画像を添付するなど,効果的な画像活用ができました。「何をどう伝えるか」の大切さに気づき,自国の文化をも再認識する機会となった課題でした。

【課題4】日本の昔話

最初に「4コマ漫画」作成で物語の構成と展開の手順について練習しました。その後,グループで昔話の題材を選び,8コマ完結の物語を構成し,画像とともに投稿するという課題です。各自が2コマの画像とその英文を担当しました。画像については自作の絵をデジタルカメラや携帯電話のカメラ機能を用いて撮影し,添付ファイルとしてブログに投稿可能です。生徒の多くが,昔話の翻訳に際して,日本語独自の英語にしにくい表現があることや,日本語と英語での表現の仕方に大きな違いがあることに気づくことができました。

【その他の課題】コメント入力,夏休みの課題

コメント欄を通じて他の生徒や米国高校生といかに積極的に交

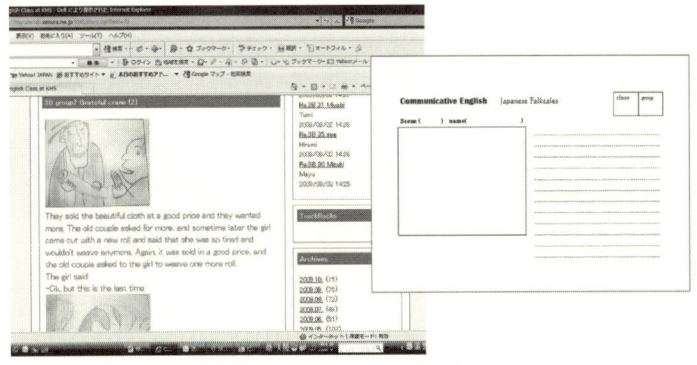

図5-5　日本昔話のページと下書き用ワークシート

流を図れたかを，投稿回数，内容，語数などによって評価しました。また，各自が夏休みの計画や報告を，自宅PCや携帯電話などから投稿しました。生徒による個人差が顕著に現れました。

この授業では，他の英語科目よりも単語を検索する頻度ははるかに高いものでした。特に米国高校生との交流活動においては，生徒は「相手の意図を読み取りたい」「自分の言いたいことを伝えたい」という能動的な言語活動ができていたようです。授業中は電子辞書だけでなく携帯電話やオンライン辞書の使用も目立ちました。それと同時にオンライン翻訳を利用した生徒たちは，その利点と欠点にも気づいたようです。

ICT機器の活用により，資料を収集する，PCや電子辞書を使って英文を作成する，記事を入力する，入力画面を確認する，画像を作成して添付する，など，グループでの一人ひとりの作業が具体的になり，責任の分担が明確化されます。

教員はALTと共に各グループを巡回し，英文作成や記事のレイアウトにおける適切なアドバイスを与えたり，ICT操作の補助を行ったりしながら，常にクラス全体をモニターし，生徒の活動状況を把握する必要があります。

授業外でも常に不適切な書き込みや，ブログ荒らしなどがないか，監視をしていました。それでも，不真面目な書き込みや他のサイトからのコピーなどの問題が生じ，情報モラル教育の必要性も痛感しました。

4-3 生徒は協同学習に肯定的

交流活動の前後のアンケート調査（4月と7月）（表5-4）によると，「英語が好き・楽しい」と答えた生徒は40.8％から59.5％へと1.5倍増加し，4技能やコミュニケーション，異文化

表5-4　英語学習に関する事前事後アンケートの結果

		そう思う	ややそう思う	あまり思わない	思わない
英語が好きである、英語の授業は楽しい	事前	11.8	29.0	48.7	10.5
	事後	14.9	44.6	35.1	5.4
英語を聞いたり話したりするのは好きだ	事前	5.3	23.7	55.2	15.8
	事後	9.5	31.1	50.0	9.5
英語を読んだり書いたりするのは好きだ	事前	6.6	14.5	56.5	22.4
	事後	10.8	21.6	58.1	9.5
英語は得意だ	事前	5.3	23.7	27.6	43.4
	事後	5.3	17.6	47.3	29.7
英語でコミュニケーションすることに興味がある	事前	11.8	29.0	46.0	13.2
	事後	17.6	39.2	29.7	13.5
異文化に興味がある	事前	24.0	32.0	28.0	16.0
	事後	24.3	39.2	25.7	10.8
自分の将来に英語は必要	事前	21.1	31.6	36.8	10.5
	事後	16.2	37.8	25.7	20.3

への興味関心も10〜15％の割合で高まりました。しかも事後アンケートでは約4割の生徒が「書く力・表現力が伸びた」と肯定的にとらえています。

　一方で、「英語が得意」という回答は7％減少しました。ハイレベルの課題だったためか、「英語は難しい」と英語力不足を痛感する生徒もおり、客観的な自己評価と、「もっと英語を学習しなければならない」という意識を高める機会になりました。

　いずれにしても、伝えたい相手を意識したライティング活動によって、単なる和文英訳から、より主体的な言語活動へと発展したことは確実でしょう。

　生徒たちは協同学習に対してかなり肯定的でした。実践後のアンケート（表5-5）では82.4％が「楽しい」、74.3％が「効果的」と回答しています（図5-6）。協同学習の具体的なメリットとして、①チームワーク（協調性）が高まる、②学習効率が良い、③協力

してより高度なレベルに到達できる，④助けてもらえる安心感がある，⑤グループのコミュニケーションが楽しい，などが挙げられました。他方で，「グループにサボる人がいると学習効率が低下する」「他への依存傾向に陥りやすい」「私語が増える」などの

表5-5 事後アンケートの結果 (%)

質問項目	そう思う	ややそう思う	あまり思わない	思わない
英文を書くことに興味をもった	9.6	23.3	52.0	15.1
異文化に興味をもった	18.9	46.0	24.3	10.8
英文を書く力が伸びた	4.1	35.1	47.3	13.5
英文を読む力が伸びた	5.4	47.3	33.8	13.5
英語が嫌いになった	1.4	9.5	40.5	48.6
ICTを用いた英語学習は効果的だと思う	16.7	50.0	25.0	8.3
Power Pointを用いての指示はわかりやすかった	14.9	45.9	27.0	12.2
ICT機器の活用への興味関心が高まった	11.1	55.6	22.2	11.1
PCの操作技術が上達した	13.9	41.7	33.3	11.1
グループでの英語学習は楽しかった	45.9	36.5	14.9	2.7
グループでの英語学習は効果的だ	31.1	43.2	18.9	6.8
アメリカ高校との交流活動は楽しかった	29.7	43.2	20.3	6.8
交流活動は英語学習においても効果的だと思う	39.2	40.5	14.9	5.4

グループでの英語学習は効果的だ

- 思わない 7%
- あまり思わない 19%
- そう思う 31%
- ややそう思う 43%

グループでの英語学習は楽しかった

- 思わない 3%
- あまり思わない 15%
- そう思う 46%
- ややそう思う 36%

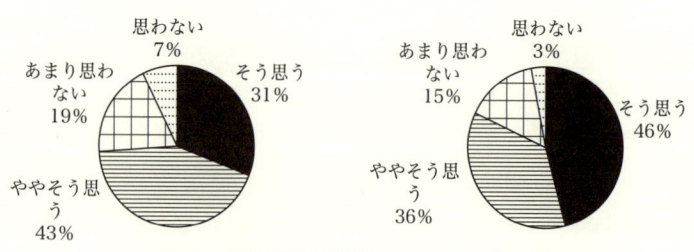

図5-6 協同学習実施後のアンケート結果

デメリットも指摘されています。これらの対策が必要です。

ICT活用についても，生徒の意見は肯定的でした。ブログへのアクセスも「授業外も自宅PCや携帯電話から行った」とする生徒が6割もいました。また66.7％の生徒が

ICTを用いた英語学習は効果的だ

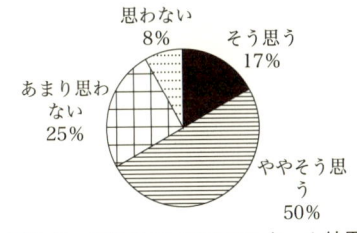

- 思わない 8％
- そう思う 17％
- あまり思わない 25％
- ややそう思う 50％

図5-7　ICTについてのアンケート結果

「ICT活用の英語学習は効果的」と回答しています。「ICT活用に対する興味，関心が高まった」「ICT機器を用いての説明はわかりやすい」とする数値とほぼ一致することから，ICT活用が英語学習への動機づけとなった可能性が十分考えられます。

生徒によると，英語学習におけるICT活用のメリットは，①国内外とのコミュニケーションが可能である，②説明や指示が分かりやすい，③どこからでもアクセス可能である，④情報収集に便利である，の4点です。「海外の人と交流できる」という利点を挙げた生徒が非常に多く，米国高校生との交流がいかに影響を与えたかがわかります。実際「相手のコメントがあるとやる気につながった」という声も多く聞かれました。日常生活で英語を使う必要性を感じない生徒にとって，PCの画面はよりリアルな言語活動への窓となります。「本物の英語」に触れる機会によってコミュニケーションが現実性を帯び，英語による言語活動は生徒にとって大きな意味をもつものになったのです。

4-4 協同学習とICTによる学びの変化

協同学習とICTが結びついたことによる生徒の学びへの効果として，次の点が考えられます。

①学習動機を高める
②時間と空間を超えて学習機会を拡大させる
③学習効率を高める
④学習者の自律性の育成に貢献する

　英語学習への興味だけでなく，英語力についても4割の生徒がその向上を実感できたとする今回の実践の事後アンケートの結果からも，学習動機の高まりは明らかです。協同学習のなかで，自らの責任を果たし，協同でより高い成果が得られることによって，「学習への参加意識」「仲間意識」「達成感」が生徒の中に芽生え，その満足感が学習動機へとつながったと考えられます。ICTが提供する多種多様な教材と機器自体の活用に対する興味もその要因のひとつでしょう。何よりもICTによって，より現実に近い英語使用環境が生み出され，生徒が英語使用の必要性を感じられたことが大きなパワーとなったのだと思います。

　学習効率を高めると回答した生徒は約25%。PCによる情報検索の速さ，オンライン辞書・翻訳の利便性など，ICTは迅速で多様な情報を提供することで効率を高めます。6割の生徒が授業外でもアクセスしたという結果から，ICTは学習機会を拡大し，学習への自律性を促したともいえるでしょう。

　情報量やスピードという点で効率を高めたICTに対して，作業効率，問題解決，学習成果の質的効率を高める役割を果たしたのは他者との協同でした。生徒たちは課題を達成するための情報収集の段階で，検索手段と必要な情報を選択し，正しいかどうかを判断し，また協同学習のなかで他者と「交渉」しているのです。そのプロセスにおいて，生徒たちは自らの学習ストラテジーを使用しています。そうして鍛えられた学習ストラテジーこそが，学習者の自律性を促進させるものとなるのではないでしょうか。

　一方，次のような課題も残されています。

①クラスの少人数化
②早期からの ICT 活用と協同学習への慣れが必要
③評価規準の明確化
④学校 ICT 環境の向上と教員の ICT 活用能力の強化
⑤情報モラル教育の強化

　協同学習の中で ICT が効果的に機能するには，少人数クラスの実現と ICT 環境の充実が必要条件となるでしょう。実際，1名の教員が40名の生徒の活動を把握するのは困難です。また，教員の積極的な ICT 活用を促すには，それを支えるサポート体制が必要でしょう。言い換えれば，その体制が整えば誰でも ICT を授業で活用することが可能だということです。

　情報化社会は猛烈な勢いで進んでいます。高校生のスマートフォン所有率は14.9％（リクルート，2011）となっています。コミュニケーション手段の進化は，学習者同士のつながりやその学習法をさらに多様化させていくことでしょう。

　他者との協同を通じて身につく「社会性」は，学習者が自ら考え，判断するスキルとなり，彼ら自身が自らを自律的な学習へと導くプロセスとなります。それは本当の意味での「コミュニケーション能力」の育成にもつながります。それをいかに支援するかが，私たちの課題ではないでしょうか。

6 大学英語授業での協同学習

●各実践の紹介とポイント

　教師と学生が協働して授業を作る。教師の一方的な講義から脱却して，グループ討論，プレゼンテーション，プロジェクト型学習を取り入れる。学生たちに授業の運営・進行役を担わせ，能動的で協同的な学びを自ら組織させる。そうした授業改革が大学で進行しています。

　学生の英語学力は多様で，多くの大学で高校レベルのリメディアル教育を行っています。基礎事項の学び直しにおいて大切なことは，学びがいのある教材を使い，他者と分担・共有・交流することで，英語を学びつつ使用する経験を積み重ねることです。

　亘理実践（**実践報告⑩**）では，TOEIC 300程度の英語が苦手な前任校の学生たちに *National Geographic* や *TIME* などの高度な英文を読ませています。ジグソーなどの協同学習を通じて，学生たちは小さな達成感を重ね，困難な課題をやりとげることで大きな充実感を得ます。必修のテキストがある場合でも，間に挟んだプロジェクトへの取り組みが学習意欲を喚起して側面支援となり，テキストそれ自体も協同学習的に活用することが可能です。

　亘理実践では，日本マンガの英訳版を構造的に読み解かせたり，オリジナルの物語を協同で創作・発表する活動を紹介しています。

さらに，各グループにテキストの担当を割り当てて事前に準備させ，授業で先生役をさせています。回を重ねて慣れるにつれ，学生たちは他のグループを悩ませるような面白いオリジナル問題を作成するようになります。このように，英語が苦手な大学生であっても，協同的な活動を取り入れ，スモールステップを仕掛けることで，学生は高度な学びを達成していきます。

江利川実践（実践報告⑪）では，グループで英語による映画教材を作るという究極の協同学習と，個人学習になりがちなリスニング問題にあえて協同学習を導入した授業を行っています。

映画製作では，当初は無理だと思えるような高度な課題に仲間と必死でチャレンジし，達成時には「大学の授業でもっとも充実した時間だった」と述べるまでに成長していきます。

英語の歌を使った授業では，リスニング能力の上達にとどまらず，学生たちは議論を通じて内容理解を深め，英語の上達には歴史や社会背景などの理解も必要であることを自覚していきます。

協同学習を取り入れた授業への学生満足度は90％を超えており，協同学習が「効果的だ」（そう思う＋ややそう思う）とする回答が98％，「楽しかった」も96％に達しています。

江利川実践は，必ず全員が役割を果たすよう設計されており，至る箇所に自己管理・省察を促すステップが用意されています。その一見厳しい縛りこそが，自主性・自律性を伸ばす基盤となっています。それを可能としているのは，「授業が最大の自己表現の場となる」という姿勢の貫徹です。このことは，学生はもちろん教師自身についても当てはまります。そのための準備と振り返りの時間は，自分と他者を承認し，その学びを絶えずモニタリングする機会を与えています。授業が，人間関係を調整しながら集団で目標達成に向かう協同プロジェクトとして展開されるのです。

（江利川春雄・亘理陽一）

1 実践報告⑩

基礎から学び直す大学英語授業のしかけ

亘理陽一（静岡大学教育学部）

1-1 目的と考え方

　大学生は，本人の自覚の程度はともかく，少なくとも入学時点では学びへの期待を持っています。もちろん不安も大きいに違いありませんが，これまでとは異なる学びの世界が広がることに期待を寄せています。教える側にとってはチャンスなのです。ところが，新しい学問領域のイントロや新たな関係性にワクワク・ドギマギしている学生たちの多くが，「英語」と聞いた途端ウンザリした顔をします。まるで Give me a break! と言っているかのように。学生をこんなふうにしてしまったオベンキョーを拡大再生産するだけなら，大学英語教育は学ぶ側にとっても教える側にとっても苦役にしかなりません。

　ですから，英語の知識・技能に関して「レベルが低い」と判断される段階の学習者であっても，「リメディアル教育」の名の下に知的レベルの低い内容や機械的な暗記学習を押しつけてはいけません。そういう学習者だからこそ，学び甲斐のある内容を他者と分担・共有・交流して学ぶことが重要なのです。英語学習に対する否定的感情をほぐし，受験英語の「成績」や表層的な「英会話」云々の浅薄な目的論を超えた「わがこと」としての外国語学習の道を回復するのは容易なことではありません。しかし，たとえ週に1回90分でも質の高い協同的な学びの機会が与えられれ

ば，それは，中学・高校で十分に身につけることができなかった基礎の学び直しや，長期にわたる地道な学習を主体的に続けていくことの強い下支えになると考えています。

その具体化に際して特に重視しているのは次の3点です。なお，本稿は前任の私立大学での実践にもとづいています。

(1) これまでの学習を当てにしない——みんなが参加できる授業づくり

各種テスト結果で同じようなレベルの学生が集まる集団であっても，20〜40人規模のクラスを編成すれば程度の差はあれ学習者の知識・技能は多様になります。その際，相対的に「できない」学習者に不要な劣等感を感じさせないことが重要です。同時に，中学・高校の授業にそれなりに適応してきた学習者の「分かったつもり」を揺さぶることも必要です。これまでの出来不出来に関係のない，高い次元での学び直しを可能にする授業によって，自分たちを「不完全な英語母語話者」の列に並べるような一元的なものの見方から脱却させたいのです（Cook, 1999）。

外国語としての英語に関する能力は多面的で，人間の多様な能力・価値の一部に過ぎないのですから，それを学ぶ過程は，人間性やものの見方・考え方を豊かにするものではあり得ても，人を選別したり自尊心を傷つけるものであってはいけません。

(2) 程度の高い内容に取り組む——学びがいのある授業づくり

大学生向けの英語教材は多様で，高度で優れた内容・構成のものも少なくありませんが，学習者の多くはテキストを順に進めていく授業に飽き飽きしています。だからこそ複数回をかけた協同学習的プロジェクトと，そこに至る各回のステップを「しかけ」ることによって，適度な歯応えと小さな達成感を重ね，大きな充

実感を与えましょう。必修のテキストがある場合でも，間に挟んだプロジェクトへの取り組みが学習意欲を喚起して側面支援となり得ますし，テキストそれ自体も協同学習的に活用することが可能です。

とはいえ，creative な学びの入口であれもこれもと欲張らず，まずは「半期にひとつぐらいは教師も学習者もチャレンジする」といった穏やかな「背伸び」がいいと思います。

(3) 学習者が授業を作る──主体性を発揮できる授業づくり

大半が「英語」にウンザリしているだけに，ニーズ分析はあまり役に立ちません。ニーズが存在しないということではなく，散らかった引き出しの奥深くにしまい込まれていて，本人にも取り出し方が分からなくなっているのです。ですから，学生が学ぶべきことに自分で気づき，教師も含めた周囲の他者を有効に活用していくためにも，具体的なニーズを引き出す「しかけ」が必要なのです。そのひとつとして，問いや活動の中心に学習者を置くだけでなく，少しでも授業の実質的な運営・進行役を担ってもらうことを心がけています。どの段階でも，学生が「お客」の側も「演者」の側も超えて「作り手」の側に立つ機会を設けることは可能ですし，課題や授業自体を俯瞰的に捉えることは学び方を学ぶ上でも有効だと考えます。

以下では，こうした考えに基づく３つの実践例を紹介します。いずれも４人ずつのグループを編成して行います。

1-2 地球温暖化に関する記事作成活動

これは，トピックの選択やパラグラフの整序を通じて雑誌・新聞記事の主旨を読解・要約し，地球温暖化についてＡ４判１枚の

記事を作成するという活動です。週1回の授業の3, 4回分を充てて，TOEIC スコアで言えば平均300台の大学生たちに *National Geographic* や *TIME* の記事を読ませてしまいます。新聞・雑誌記事はこれまでの多くのリーディング教材・実践でも利用されてきましたが，この実践ではそれをただ読むのではなく，作るために読んでもらうのです。

　活動に先立って，例題・解説を通じて論説型の文章構造の基本事項について説明しておくことが望ましいでしょう（天満，1989, pp.104-106）。英文記事は，ニュースの核心である headline と記事内容を圧縮した head，その詳細を述べる body から成り，この構造を見るのに適しています。

　活動の1回目はまず，内容スキーマの喚起と関連語彙の導入をねらいとして，各グループに英語の図表・映像資料を配布します。ここには温暖化のメカニズムや CO_2 排出量・気温変化の予測などがまとめてあります。これをもとに，「記事の方針を形づくる」という目的を設定して日本語で自由に話し合ってもらいます。耳慣れた言葉だからといって詳しく分かっているとは限りません。議論の様子を見て各グループに，なぜ化石燃料の使用や森林の減少によって CO_2 が増えるのか，CO_2 が増えるとなぜ気温が上昇するのかといった基本的なメカニズムを問い，知っている者が説明したり資料に拠ったりするよう促します。次に，A3判1枚（850語程度）の *National Geographic* の記事を読んでもらいます。ここでの目標は，グループで空欄になった sub-headlines を選択して補充することなので，誰かが「おいてきぼり」になる心配はほとんどありません。小見出しを選べたからといって内容を十分に把握しているとは言えませんが，小見出しで内容や流れを推測でき，その節の主旨を理解していなければ適切な選択はできないという意味で「揺さぶり」にもなります。

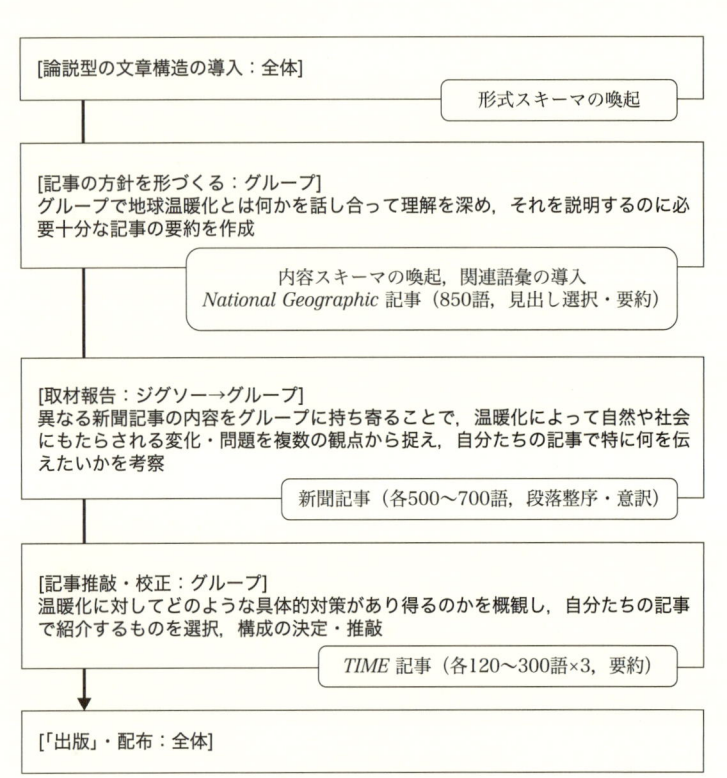

```
┌─────────────────────────────────────────────────────────────┐
│ [論説型の文章構造の導入：全体]                              │
│                                      ┌─────────────────┐    │
│                                      │ 形式スキーマの喚起 │    │
│                                      └─────────────────┘    │
└─────────────────────────────────────────────────────────────┘
                              ↓
┌─────────────────────────────────────────────────────────────┐
│ [記事の方針を形づくる：グループ]                            │
│ グループで地球温暖化とは何かを話し合って理解を深め，それを説明するのに必│
│ 要十分な記事の要約を作成                                    │
│            ┌────────────────────────────────────────┐      │
│            │ 内容スキーマの喚起，関連語彙の導入         │      │
│            │ National Geographic 記事（850語, 見出し選択・要約） │ │
│            └────────────────────────────────────────┘      │
└─────────────────────────────────────────────────────────────┘
                              ↓
┌─────────────────────────────────────────────────────────────┐
│ [取材報告：ジグソー→グループ]                               │
│ 異なる新聞記事の内容をグループに持ち寄ることで，温暖化によって自然や社会│
│ にもたらされる変化・問題を複数の観点から捉え，自分たちの記事で特に何を伝│
│ えたいかを考察                                              │
│               ┌──────────────────────────────┐            │
│               │ 新聞記事（各500～700語，段落整序・意訳） │            │
│               └──────────────────────────────┘            │
└─────────────────────────────────────────────────────────────┘
                              ↓
┌─────────────────────────────────────────────────────────────┐
│ [記事推敲・校正：グループ]                                  │
│ 温暖化に対してどのような具体的対策があり得るのかを概観し，自分たちの記事│
│ で紹介するものを選択，構成の決定・推敲                      │
│               ┌──────────────────────────────┐            │
│               │ TIME 記事（各120～300語×3，要約） │            │
│               └──────────────────────────────┘            │
└─────────────────────────────────────────────────────────────┘
                              ↓
┌─────────────────────────────────────────────────────────────┐
│ [「出版」・配布：全体]                                      │
└─────────────────────────────────────────────────────────────┘
```

図6-1　記事作成活動の流れ

　最後に，この記事を利用して「地球温暖化とは何か（現象・原因）を説明する段落」を書く課題を課します。各節の冒頭部をつなぐだけでは紙幅に収まらないことが分かるので，天満（1989, pp.116-118）などをもとにガイドラインを与え，必要最低限の内容を抜き出して要約を作成してもらいます。

　2回目は，まずグループ内で担当を決め，ジグソー式に担当ごとに集まって異なる新聞記事を読み解いてもらいます。与えられた記事（500～700語）は段落順序がバラバラになっており，担

当記者はheadlineとleadの内容，文中の構造的手がかりをもとに，後に続く6〜8部分を正しい順序に並べなければなりません。さらに教師の助けを借りながら，同じ担当の記者と協力してheadlineとleadを意訳し，「取材報告」を作成します。グループに戻ったら，互いのheadlineとleadに目を通してから時間を区切って取材内容を報告し合い，「地球温暖化によって自然や社会にもたらされる変化・問題（の予測）を説明する段落」で特に何を伝えたいかを話し合ってもらいます。

　3回目は，温暖化に対してどのような具体的対策があり得るのかを概観して構成を固め，「地球温暖化の影響を軽減するための具体的対策を紹介する段落」を作成します。*TIME*（Apr. 9, 2007）の"51 Things We Can Do"という特集記事（Web上でも参照できます）が利用しやすいのですが，他の素材でも可能でしょう。活動に充てられる時間と学生の処理能力，選択の幅を考慮して，紹介されている15〜20個の対策（各120〜300語程度）を事前に全員に配布し，ざっと目を通してきてもらいます。授業では，話し合って好きな対策を3つ選び，記事に収まるように編集してもらうのですが，*TIME*ほどの難しさになるとグループが一丸となって読まざるを得ません。各対策の中身をきちんと理解しなければ，記事の方向性を固めて仕上げに向かうことができないから必死になります。頃合いを見て各対策のタイトルを日本語に置き換えた補足資料を配布して必要な解説を

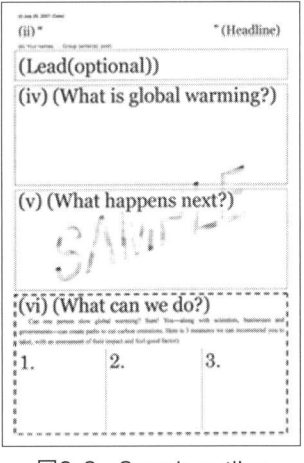

図6-2　Sample outline

加えますが，イラスト・図表・背景知識・辞書など，あらゆるリソースを総動員すれば意外と読めることが分かります。

最後に，記事の sample outline を提示しながら日付やタイトル，著者名・所属の書き方を説明します。ただし lead の設置や全体のレイアウトは各グループに任せ，提出された全ての記事を冊子にまとめて「出版」し，全員に配ります。協同の成果です。各回に作成した要約の添削等のフィードバックを授業中に行うなら，4回以上の時間を充てることが必要でしょう。

1-3 マンガの構造的読解・物語の協同創作活動

次は，物語型の文章構造についてのスキーマを適用して英語のマンガを読み解き，ペアでオリジナルの物語を創作・発表する活動です。構造が把握しやすく学生になじみがある『ドラえもん』(Gadget Cat from the Future) や『名探偵コナン』(Case Closed) を用いていますが，他のマンガでもかまいません。マンガの読解と物語の創作・発表はそれぞれ単独でも実施可能です。全体で週1回の授業の2，3回分を充てます。

まず，天満 (1989) の story map と簡単な例を用いて，'Setting' (Character, Place, Time) と 'Episode' (Problem, Goal, Event, Ending) の各項目について全体に導入・解説します（天満，1989, pp.190-192）。

次に，読み解くマンガの担当を決めます。『ドラえもん』の場合は，ペアごとに3〜5作品の中から選んでもらいますが，その際グループ内で同じ作品が選択されないようにします。『名探偵コナン』の場合は3〜4話で完結する事件の各回をグループ内で割り振って，ジグソー式に担当ごとに集まって読み解いたものを後で持ち寄ります。マンガは，所々（10〜20箇所，クラスのレ

ベルによって調整）セリフを空欄にしてあります。別紙にランダムに並べた文から選んで，ペアで予想して埋めるのが最初の作業です。空欄にするセリフは，語彙・文法指導の観点で選んでも構いませんが，ここでは「冒頭には Setting の説明があるはずだから，このセリフが入りそうだ」とか，「次の発言で Goal が提示されているから，その前には Problem を表す発言が来るのではないか」といった思考と対話が中心となることをねらって選択します。

　セリフの予想が済んだ段階で，ペア（『名探偵コナン』の場合はグループで）で概略の story map を作成してもらい，別のマンガを読んでいる人（例えば4人グループで横の人とペアを組んでいた場合，それぞれ縦の人）とペアを組み，互いのマンガの内容を英語で説明してもらいます。モデルを提示しても構いませんが，story map に沿って説明していけば，それほど負担なく話せることが分かります。

　次いで，空欄のセリフの解答を新しい相方に配布して答え合わせをしてもらいます。時間に余裕があれば，別紙の日本語のセリフを選択して対応させていきます。語彙や構文の点で見れば学生にとって難易度は決して低くない教材ですが，ここまでの作業とイラスト等の助けで日本語のセリフの選択はかなり容易に感じられ，多くの学生が「わかる」という実感を得るようです。

　続いて，物語の協同創作活動です。これは，田尻悟郎先生のアイディアと実践を借りたもので，必要であれば最初に語順アプローチや意味順英作文で文の配置パターンを確認します（田尻，2011；田地野，2011）。次にペアの片方に，のび太やコナン君を主語にした「誰が―する（です）―誰・何」の文を考えてもらいます（動詞は過去形）。それをテレパシーで伝達し，もう一人にその文を一切見ることなしに後続する「to―する（です）―誰・

何」を考えてもらいます。2つを合わせると,本当にテレパシー能力があれば普通の文ができるでしょうが,ほとんどの場合「しずかちゃんと会うためにどら焼きを食べた」とか「野球をするために歌を唄った」といったヘンテコな文ができます。これだけでも活動として盛り上がるのですが,次に,出来上がった文がオチになる物語をペアで考えてもらいます。条件はさまざまに設定可能ですが,たとえば全体で5文以上を要求します。でき上がった文は物語の構造上はGoalを含んだEventを表すことになるので,背景やそこに至るまでの筋を考え表現することが求められます。自分たちが作った文なので誰に文句を言うわけにもいかず,オチが適度な制約となって創造性を刺激します。

例えば,あるペアはこんな作品を作ってくれました。

> Once upon a time, there lived Nobita and Doraemon in a city. One day, Nobita said to Doraemon, "I would like to kiss Shizuka-chan!" Doraemon said, "I see." (♪〜) Doraemon took out a tool. "Dorayakiss!" Nobita said, "It's normal dorayakis, isn't it?! You must have made a mistake!" Doraemon answered, "we eat this, and we can kiss whomever you love." Nobita yelled, "Wow, wonderful! I want to eat it right now." So, <u>Nobita ate the dorayaki to kiss Shizuka-chan</u>.

提出してもらったものを添削し,物語型の文章構造の点からいくつかを選んで授業中に発表してもらいます。鍵となる表現とオチの1文を空欄にした資料を配布して聞き取りと推測の活動にしたり,あるいは物語の続きを考えたりと色々なアレンジができるでしょう。可能であれば,学生同士で添削・評価する活動としてもよいと思います。

1-4　学習者が問題を作り，先生になる授業

　次は，各グループにテキストの担当を割り当てて事前に準備をしてもらい，授業で先生役を務めてもらうという組織・運営法です。

　具体的には次のような手順で進行します。まず教師役のグループ以外にはテキスト中の問題の予習は求めず，指定した段落の要約課題を課します。その要約と本文を速読して得た情報を手掛かりに，授業中に与えられた時間内（5問で5分程度）で一人ひとりが読解問題の解答予想を立てることになります。

　次に，問題ごとにグループ内で予想とその根拠を出し合い，話し合いを経て解答を1つに決め，一斉に発表します。教師役のグループは交代でその進行・解説役を務め，自分たちの「解答」を提示してその理由を述べます（この後で他のグループに予想の変更を認めてもいいでしょう）。ただし彼らも正解は知らないので，予想が間違っていることもあります。図6-3の2'（囲み部分）で示されるように，先生役が間違えると他のグループにボーナス・ポイントが入ってしまいます。したがって，教師役のグループには入念な準備が求められるのです。

　さらに先生役の各メンバーには，文章の内容に基づいて，テキストと同じ形式のオリジナル問題を作ってもらいます（図6-3では6問目と12問目）。アレンジはいろいろ可能だと思いますが，一人1問ずつ作ってもらい，時間が許せば全問を，そうでなければ

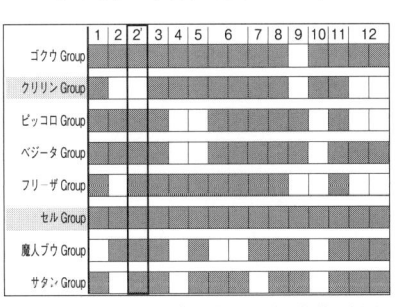

図6-3　グループ対抗戦の得点集計例

教師がその中から1問を選んで他のグループに出題するのがいいでしょう。

　回を重ねるにつれ，学生たちは，他のグループを悩ませるような面白い問題作成を意識するようになります。自作の問題を先生役が間違えることはないので，他のグループを間違えさせる問題を作ることができればポイントで差をつけるチャンスにもなります。そういう良問を作るにはテキストを読み込むことが欠かせず，事前の相談・英文添削を積極的に求めるようになります。結果としてそういう動機づけされた writing は，問題の形まで具体化されていれば言い表したいことは比較的明確で，教師も添削を行いやすくなります。しかも面白い発想は英語の知識とは直接関係のない所から生まれたりするので，活躍の機会は誰にでもあります。

　授業中に出題する問題は，内容の重複や難易度を考慮して選びますが，図6-4のように，全員分の問題について最初に提出された英文と添削結果，コメントを併記したフィードバック資料を配布します。形として残すことでグループ全員が授業への参加・貢献を感じることができ，後に担当する者の参考にもなります。

　こういった授業展開はゲーム的で，当該科目の内容を学習する上で必須の要素とまでは言えませんが，少なくとも退屈さや「おいてきぼり」を生むことはなく，全員に「出番」を用意することができます。また全体に向けて解説をしたり，各自の予想について説得を試みたりする機会を用意することで，学習者の授業に対するコミットメントや互いのパフォーマンスを尊重する意識は自ず

```
[Questions made by 当番]
・ Why was there human skeletons in the Pyramid of the Moon?
  → Why was there …?
  a. The Pyramid of the Moon was Teotihuacán's people's grave.
     → … the grave for Teotihuacán's people
  b. Human skeletons decorate The Pyramid of the Moon
     → … decorated the …
  c. There was the killing of a person as an offering to a god.
     → They were killing people as offerings to their god.
  d. The archaeologists don't know why there was human skeletons.
→問3で少し触れてしまう内容だが，教科書で問われていない本文の重要情報の確認として採用。選択肢が工夫されていて，バランスが良い。
・ Why did Tetihuacan ruin? → Why did Teotihuacán perish/ Why was Teotihuacán ruined?
```

図6-4　フィードバック資料

と高まり，グループ内の話し合いも活発になります。

　教師は裏方に徹するか，「うるさい学習者」として生徒役にまわるのが理想ですが，まずはサポートとして脇に控えておきます。それでも，普段の教室の権力関係が崩れることは学習者にとって小気味よいもののようです。裏方の調整や添削等のフィードバックは楽ではありませんが，何より，思わぬ展開や良問・珍問に出会えて，やっている教師自身が楽しめます。

1–5　基礎の学び直しと展望

　上記の活動をこなす学生たちの多く，特に一年生は学期の初め，単語の発音もままならない状態にあります。例えば声に出して読む際，c̲ity は発音できても，espec̲ially になると覚束ない者が増え，anc̲ient になると多くが止まってしまうのです。一方でテキストには anc̲ient にとどまらず c̲ircling, medic̲ine, exerc̲ise, electric̲ity と学生を悩ませる単語が次々に登場します。いずれも発音に関する同じ（いわゆる hard 'c/g' /soft 'c/g' の）規則に従っているわけですが，体系的理解を欠く学生は「何度も見聞きして知っている単語は読めるが，知らない単語は読めない」という状態から脱することができずにいることが分かります。耳で聴く音と綴りとの対応関係が構築されておらず，未知語習得の大きな足かせになっているのです。

　この状態のまま放置することはできません。ただ，こういったルールの説明を繰り返すだけで区別して発音できるようになるとは考えにくく，やる気を損なうだけでしょう。そこで，ここでも協同的な学習形態を採ります。テキストの各章に入る前に，ワークシートでのペア／グループ・ワークを通じて法則性について議論・発見させます。直接的な解答としてルールを引き出すという

よりは，ルールについて考えることを促し，気付いた点を共有するのが目的です。その後，松香・宮（2001）などのフォニックス教材をアレンジしたものを用いてルールに習熟させ，聴解・会話，推論による深い読解と結びつけた発展的活動の中でルールを適用させます。

この理解・習熟・応用のサイクルを通じて，半期・年間で「英語らしい発音／リズムの原則の学習」から「発音とつづりの関係の学習」を経て，「脱落・同化・連結のパターンの学習」にまで至るカリキュラムを，上記の活動やテキストを通じた学習の前後に組み込みことは十分可能です。ただし忘れてはならないことは，こうした基礎の学び直しを内発的に動機づけるのは，学びがいのある内容を他者と分担・共有・交流して英語を摂取し使用する経験の積み重ねだということです。

協同学習がうまく行くためには，明確な目標・役割分担の共有と，インタラクションや協同作業を必然とするような相互依存構造を持った課題が必要です（亀田，2000）。そして次章で詳しく論じられているように，協同学習は本来的に組織的・長期的取り組みを必要としますが，どちらも大学では（不可能ではないにせよ）条件的に容易ではありません。だからこそ，授業と授業の間の時間の使い方や，毎回の授業で取り組ませる課題の構造，すなわち「しかけ」がより重要となるのです。

そのような課題は，分析的思考と総合的思考のどちらか一方ではなく，その両方を必要とする問いや活動であることが望ましいでしょう。それにより，学習者それぞれが得意とする思考様式が発揮され，同時に不得意な部分が他者によって補われ，学びがより立体的なものとなります。学生たちからウンザリした表情は消え，さらなる英語学習の世界が広がっていくはずです。

2 実践報告⑪

学生たちと創る大学の英語授業

江利川春雄（和歌山大学教育学部）

2-1 脱「講義」の授業づくり

　教師の一方的な講義をどれだけ減らせるか。学生みずからが主体的に「授業づくり」に参加できるような能動的で自律的な学びの仕組みをいかにつくり上げるか。少人数での学び合いを通じて，どれだけ円滑に意見交換し，問題を深められるか。そうした協同的な学びを，私は大学の授業で追求し，成果を実感しています。

　大学の授業に協同学習を取り入れてからは，学生の授業への参加意欲が確実に高まり，授業評価が向上しました。大学が実施したアンケートで学生の授業満足度をみると，専門科目の「英語科教育法」（2010年度）では5段階評価の4.75（満足度95％），教養語学の「英作文」（工学系学生）では4.65（満足度93％）でした。こうして，もっとも優れた授業実践に与えられる「グッドレクチャー賞」を，教養語学と専門科目の両部門で受賞しました。大学でも協同学習がいかに効果的かを実証した瞬間です。

　どんな学生も「学びたい，成長したい」という意欲を持っています。授業改善の責任者であるFD委員長を経験して実感したのですが，学生が高く評価する授業は高度な内容の授業であることが多いのです。私の授業にも「大学でもっとも過酷な課題」と学生たちが嘆息するほどハードなものがあります。たとえば英語科教育法では，英語による指導案作成，模擬授業，ディベート，電

子教材の作成などを課しています。英語の映画教材を作成するプロジェクト演習も行っています（後述）。こうした高度な課題を仲間と一緒にやりとげることで、協同し合う関係が生まれ、強い達成感を味わうことができるのです。

そうした協同的な授業づくりをご紹介します。

2–2 チームで学び合う授業へ

(1) チームの作り方

チームの人数は、教養の外国語では4人程度、専門科目では5〜6人程度です。4人が理想なのですが、高学年では就職活動などによる欠席者が出る場合があるので、少し多めにしておきます。できるだけ男女混合チームにし、出欠係、資料配付係、まじめにやらせる係、庶務係などの役割を全員で分担します。

欠席・遅刻・課題の未遂行はチームの仲間に多大な迷惑をかけるので厳禁です。遅刻しそうな学生には「出欠係」が事前に電話をかけ、授業中に携帯電話をいじる学生がいたら「まじめにやらせる係」が携帯を預かります。学生の主体的な学びを尊重するためには、ルールを阻害する行為に対して厳しく対応する必要があります。一見矛盾するようですが、放任したのでは学生の自律的・主体的な学びは成立しません。

はじめの数回の授業では、冒頭で「英単語しりとりゲーム」や「人間コピー機」（→実践事例❸❼）などのチーム・ビルディングの活動を行います。これらを通じて人間関係が円滑になり、結束が強くなります。ゼミの場合は一段とレベルと上げて、季節ごとの合宿、無人島キャンプ、ゼミ旅行、応用力学演習（ボウリング大会）、音声学演習（カラオケ大会）などで人間関係力を高めています。

(2) 授業内容の明確化と授業展開

　学生が主体的・能動的に授業に参加するためには，短期，中期，長期の目標と内容が学生に周知徹底されている必要があります。

　セメスター単位の長期的な授業展開は，シラバスによって授業全体の目標，概要，流れ，評価規準，教材などを示しておきます。

　加えて，数回先までの中期的な授業内容，課題，事前準備しておくべき事柄を書いたプリントを節目ごとに配り，たえず確認します。チームでプロジェクト研究や課題製作をする場合は，計画書を作り，中間発表会などによってお互いの進捗状況を点検していきます。ゼミなどの少人数授業の場合は，資料や提出物をDropboxなどのインターネット上のフォルダーに入れたり，メーリングリストを活用して情報を共有化します。

　毎回の授業の開始時には，授業の内容と流れを板書またはパワーポイントで示し，意思統一します。次に，事前準備の状況や調べてきた資料・文献等をグループ単位で確認し合います。教師は各グループを回り，熱心に準備してきた学生を褒めるなどはしますが，グループ討論には干渉しないようにします。「LTD話し合い学習法」（→コラム⑤，171ページ）も効果的で，学生たちは夜遅くまで大学に残るなどして，実によく学ぶようになりました。

　個人の意見や，話し合った内容については，全体に対して発表してもらいます。教師はその意見を聴き，必要な補足をし，学生に問いを投げ返し，議論をさらに深めてもらいます。

　毎回の授業の最後には，次回の授業内容と課題を提示し，関係資料を配布します。学生は次回の授業までに資料を読み，追加的な関係資料・文献を調べ，考えをまとめ，提出物を用意しなければなりません。特にディベートなどの場合，意見表明を支える資料を準備していない場合には参加できないことを告げておきます。

　教師もそうですが，入念に準備すればするほど，授業が楽しみ

になるものです。授業が，最大の自己表現の場になるからです。準備をさせないまま一方的な講義で知識を注入しようとしても，知の成長は限られています。入念に耕された畑に種をまいてこそ，作物は育つのですから。

以上をふまえ，プロジェクト型の授業例と，教養語学の英語の授業例を見てみましょう。

2-3 英語の映画をグループで作る

チームごとに，すべて英語による15分程度の映画を作ります。シナリオ執筆，演技，撮影，音響，編集，DVD化までの製作期間は約3カ月（12週間）です。私の授業のなかでも最もヘビーな課題ですが，作品発表会は例年たいへん盛り上がり，学生たちは強い達成感を味わうことになります。映画製作には授業の一部を充てることもありますが，ほとんどは授業外に作成します。

(1) 映画作成の流れ

①第1週：先輩たちの作品を鑑賞し，課題をイメージしてもらいます（私の授業で作った「ドラえもん実写版」がYouTubeにあります）。次回の授業までに作りたい作品のアイディアを考えてくるように伝えます。学生たちは，チームのメーリングリストを作ったり，コンピュータに詳しい友人を探したりと，準備に取りかかります。

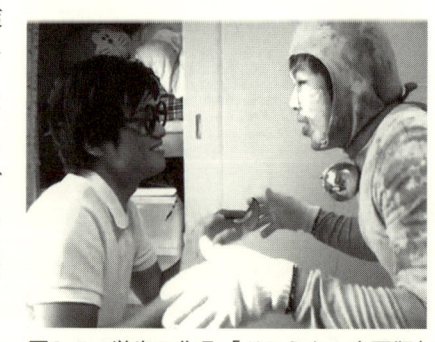

図6-5 学生の作品「ドラえもん実写版」

②第2〜3週：チームでの話し合いを経て企画書を作成します。そこでは，作品名，対象学年，作品概要，役割分担（プロデューサー，監督，脚本，撮影，編集，効果，出演など）を決めます。全員がほぼ均等の負担になるように役割分担します。特に編集担当者には重い負担がかかるので，他の仕事を軽減するなどの配慮が必要です。次に，シナリオの完成，撮影の完成，編集の完成などの各段階の作業日程を計画します。

③第2〜4週：②と並行して，ビデオ撮影のコツ，画像編集ソフトの使い方，ファイル変換の仕方などの基本的な指導をしますが，そうした指導がなくても，学生たちは自分たちで技術を磨いていきます。編集ソフトは，Windows用のLiveムービーメーカー（無料）や，Mac内蔵のiMovieなどが手頃です。

④第8週ごろ：プロモーションビデオの発表会。映画の予告編に当たる1〜2分の中間作品を発表してもらいます。各作品を鑑賞しながら，学生たちは「評価・コメントシート」に書き入れ，各チームに渡します。評価は英語力，技術力，芸術性，教材性の各5点・20点満点で，平均得点の高い順にポイントを与えます。本番での挽回が可能なので，各チームは一段と奮起します。

⑤第12週：作品発表会。いよいよ本番です。くじでエントリー番号を決めます。各チームは作品上映に先だって1分間のプレゼンテーションを行い，作品の見所や苦労話などを語ります。採点方法などは④と同じです。上映後，全員のがんばりを賞賛した上で，成績上位チームを表彰し，ポイントを与えます。最優秀作品賞，主演女優賞，主演男優賞，技術賞などの賞を与えてもよいでしょう。ただし，芸術は数値では評価できないこと，作成過程での協働と頑張りこそが尊いことを伝えましょう。

最後に，「振り返り用紙」に自分の分担，貢献度，画像編集ソフトの習熟度，苦労した点，感想・意見，後輩へのメッセージを

書いて提出してもらいます。

(2) 学生たちの達成感・きずな・成長

学生たちは日程を調整して授業時間外に集まり，撮影・編集に伴うトラブルを克服し，ときには徹夜までして映画を完成させます。達成感は抜群で，仲間とのきずなも高まり，成長します。典型的な意見を紹介しましょう。

・「映画作りはたいへんですが，きっと一生に残るほどの楽しく，印象に残る授業になります。」（N君）
・「自らが役者となり，何かを表現する・発信することができたことに大きなやりがいと楽しさを感じた」（K君）
・「いざ撮り始めてみると，みな夢中になり，のめり込んでいった。終わったときの達成感はたまらなくうれしかった!!! この映画作りを通してみんなの仲も深まって本当に楽しかった。」（Tさん）

2-4 教養語学「英語リスニング」での協同学習

協同学習を取り入れた語学科目の英語の授業の一例として，音楽や映画を使った授業展開を示します。リスニングの授業は学生同士の相互依存関係が乏しいので協同学習を導入しにくいのですが，それでも実践可能であることを示したいと思います。

以下のような手順で，まず教師が何度か実例を示します。そのあとで，グループごとに曲や映画を選定してもらい，役割分担を決め，学生たちが教師役になって授業を運営していきます。ただし，教師は学生が作った教材を事前にチェックし，必要な助言と補足事項などの準備をします。ここではマイケル・ジャクソンの

曲"Black or White"を使った例を示します。

①歌詞の穴埋めや,意味を問うプリントを用意します。音声的,文法的に重要な部分,慣用句,背景知識が必要な表現など,多様な認知特性を必要とする高めのレベル設定がよいでしょう。

②音楽を聴き,個人で解答します。その後,グループ単位の相談時間を2分程度与えます。以上を2回繰り返すことで,学び合いを通じて正解率を高めていきます。辞書は使用可です。

③グループ単位で解答を発表してもらい,正解と英語表現や意味を確認していきます。

④曲のプロモーションビデオ(PV)などを流します。日本語や英語の字幕で意味を確認するのもよいでしょう。

⑤毎回,前回の復習テストを行います。これには相談タイムはありません。英語が苦手でも復習すれば得点を上積みできます。

以上のように,至ってシンプルです。グループでの学び合いを深めるほど得点が上昇するので,それが自信や意欲につながり,友人が増え,授業への参加が楽しくなります。

重要なことは,スキル向上だけに終わらせずに,より深い学びへと導くことです。"Black or White"のPVの後半では,黒豹の化身であるマイケルが,踊りながら車を壊していきます。ここに隠されたメッセージをグループで考えてもらいます。

一見すると暴力的な破壊行為に見えますが,実は車の窓ガラスには Hitler Lives(ヒットラーは生きている),Nigger Go Home(黒ん坊は出て行け),No More Wetbacks(メキシコ系移民お断り),家の窓には KKK Rules(KKK が支配する)と書かれています。それらを破壊することで,マイケルが人種差別や偏見への怒りを表現していることに気づかせます。黒豹(Black Panther)は黒人解放運動の象徴です。なお,歌詞の中の I ain't scared of no sheets を「シーツなんか怖くない」と訳している DVD がありま

すが，この sheets は白人人種差別集団の Ku Klux Klan（KKK）のことです。グループでの学び合いによって，こうした気づきが加速されます。学生たちは議論を通じて内容理解を深めながら，英語の上達には歴史や社会背景などの理解も必要であることを自覚していきます。学生たちの感想を紹介します。

・「英語は苦手なので穴埋めは大変でしたが，意見を出し合って助けてもらいつつやることで，やる気も出るし，音楽の背景（意味）も学べて，すごく興味深かったです。」（Oさん）。
・「マイケル・ジャクソンのPVに，こんなに深いメッセージが込められているなんて知らなかったので，とても興味を持ちました。帰ったらKKKやブラックパンサーについて調べてみようと思います。」（Iさん）

このように，学生たちが自分で課題を見つけ出し，自律的に学んでいく姿勢を育てることが重要ではないでしょうか。次回の授業では，各自の事前学習をもとに，アメリカでの黒人解放運動の歴史についてのグループ討論の時間を設けます。

2–5　ほぼ全学生が協同学習を評価

学生たちは協同学習をどう評価しているのでしょうか。語学科目の「英語」と専門科目の「英語科教育法」を受講した合計100人を対象に，2012年1月に実施したアンケートの結果を紹介します（図6-6）。比較のため，質問項目は高校での実践報告⑨（142ページ）と同じにしてあります。

これを見ると，「グループでの授業は効果的だ」（そう思う＋ややそう思う）とする回答が合計98％，「グループでの授業は楽しかった」も96％に達しています。「グループでの授業は効果的だ」

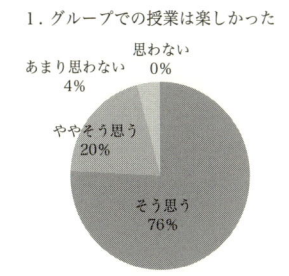

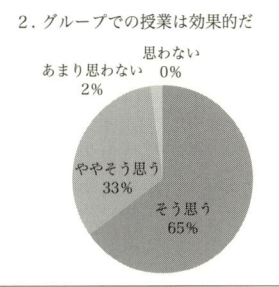

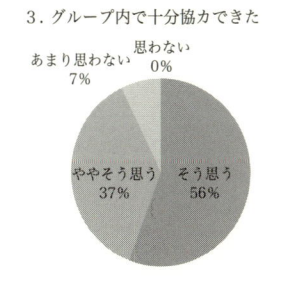

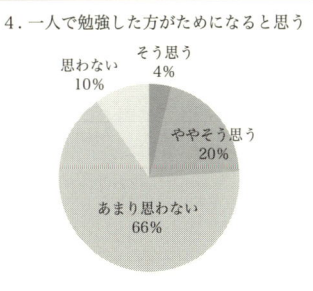

図6-6　学生たちによる協同学習の評価

とする回答を授業別に比較すると、「英語科教育法」の授業では100%でしたが、一般語学の「英語」では93%（あまり思わない7%，思わない0%）でした。英語科教育法の方が協同的な活動が多かったからだと思われます。

2-6　大学にこそ協同学習を

大学の授業で必要なことは、講義形式による一方的な知識伝達ではなく、学生たちが能動的に知識・情報にアクセスし、それらを批判的に加工し、課題解決のために応用できる能力を身につけさせることです。そのために、母語や外国語で自分の意見を明快に伝え合うコミュニケーション能力と、人間関係を調整しながら

集団で目標達成に向かう協働的な能力を獲得させることです。

地球環境問題や原発事故などの問題を見れば明らかなように,問題解決には工学,物理学,生物学,経済学,政治学,教育学,外国語学などの複合的で学際的な知識が必要とされます。集団的な知のネットワークを構築し,学び合い,議論し合い,協働することなしには解決できないのです。

今日の知識基盤社会においては大学が学びのゴールではありません。生涯にわたって自主的・自律的に学び続ける人間を育てる必要があります。協同学習は,そうした新しい学びのスタイルであり,大学の授業においてもたいへん効果的です。

慣れ親しんできた「講義型」の授業スタイルを転換することは容易ではないかもしれません。しかし,現在の授業スタイルに少しずつ改良を加えることで,協同学習は導入できます。

---

(1) 講義の合間に,話し合いと意見表明の時間を作ります。
(2) 別の意見とつなぎ,学生たちに戻し,議論を深めます。
(3) 次回の授業テーマを伝え,事前準備事項を確認します。
(4) 事前学習にもとづいてグループ討議の場を設けます。

こうした活動が学びを能動的にさせるので,講義内容が頭に入りやすくなります。ただし,1回の講義は15分以内で区切り,講義内容にもとづいてグループ討論の時間を設定しましょう。

学生たちの学びの様子を観察し,「振り返り用紙」などで意見をモニターしながら,協同学習のやり方をマスターしていきましょう。協同学習による授業を参観するのも効果的です。

やがて学生の誰もが持っている学びの意欲が引き出され,授業が活性化していきます。こうして,学生も教員も次の授業が待ち遠しくなることでしょう。

コラム⑤ 「LTD話し合い学習法」の威力

協同学習の一種である「LTD話し合い学習法」が授業改革のひとつの柱として注目されています。学生は事前準備に平均4時間程を費やし，たいへん深く学べた」と学生満足度の高い学習法です。

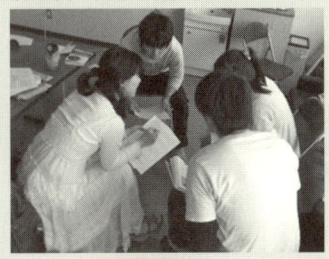

LTDとは Learning Through Discussion の略語です。定められた枠組みに従って事前準備と議論を展開する点に特徴があります。

(1) 事前学習（予習）

学習課題（テキスト）を読んで，書くべき内容についての8ステップに添って「予習ノート」を作成します。①課題を読む，②語彙の理解（わからない語句を書き出し，意味を調べます），③主張の理解，④話題の理解，⑤知識の統合（バラバラな知識をつなげ体系化します），⑥知識の自分への適用（自分との関係を考えます），⑦話題の評価，⑧リハーサル（討論の準備）です。

(2) 授業での話し合い

授業では，話し合うべき内容，順番，時間を決めて討議します。学生は予習ノートを手掛かりに，小グループに分かれて話し合います。討論の標準時間は60分で，①導入（3分），②語彙の理解（3分），③主張の理解（6分），④話題の理解（12分），⑤知識の統合（15分），⑥知識の自分への適用（12分），⑦課題の評価（3分），⑧活動の評価（6分）という展開です。40分程度に短縮することも可能です。

このように，何をするのかが細かく規定されていますので，漫然と「予習しなさい」とか「討論しなさい」というよりも，格段に学びの質が深まります。(安永, 2006; 古庄, 2011参照)　　　（江利川春雄）

7 学校全体での協同学習へ

● **各実践の紹介とポイント**

 協同学習を教科の壁を超え、学校全体で実践できるようにするためには、どのような工夫が必要でしょうか。

 中学校の柏村実践（実践報告⑫）では、習熟度別授業をやめ、協同学習をゆるやかな形で全校に拡大していった4年間の軌跡が研修主任の立場から紹介されています。年に10回の校内研修会（うち協同学習に関しては2～3回）を実施し、先進校の実践家や大学の研究者から指導助言を受けています。学校は内側からしか変えられませんが、外部研究者の協力が改革の理論的支柱となります。職員室では、愚痴もつぶやきもボード上に可視化し、授業について語り合う文化が育っていきました。ワークショップ型の校内研修会も、教員同士が学び合い、成長し合う関係を築きました。こうして、協同学習の成立に不可欠な「心を開いてお互いの仕事を認め合う文化、肯定的な学校風土」が形成されていったのです。

 高校では教科の壁は一段と厚くなり、相互交流が困難になります。その壁を打ち破ったのが、村上実践（実践報告⑬）です。そこでは、英語科と保健体育科、家庭科、国語科、地歴公民科の教員との「共同体」を形成し、協同学習を全校へと広げていった3

年間の実践が報告されています。

教科間連携には3つのステップがあります。① 相互理解：各教科の学習内容などをお互いに知り，連携可能な点などを話し合います。② 目標の一致：協同学習の実践例をもとに各教科の教員が意見交換し，ワークショップに一緒に参加して体験を共有化します。③ 協働：協同学習を取り入れた授業を公開し，研究協議会を通じて実践を共有化していきます。

村上先生の高校では，協同学習を実施する前の不安や実施における悩みなども他教科の教師たちと共有し合い，「生徒の協同学習は教員の協同学習を経て実践されるものだ」との気づきに至ります。こうして，教科の壁を超えて「教員全体で生徒を育てているという意識」が高まっていったのです。

根岸実践（**実践報告⑭**）では，校内研修の計画と授業研究会の持ち方について，豊富な事例と提言が盛り込まれています。

根岸先生の中学校では，生徒の「荒れ」を克服するために，協同学習を核とした「学びの共同体」づくりを全校で取り組むことを確認し，授業研究の目的を，①生徒同士の学び合う関係づくり，②教師同士の学び合う関係づくり（教師の同僚性の構築），③高いレベルの学びの実現としました。その実現のために，すべての教師が年に1回は授業を公開し，全員で協議します。外部講師を招聘しての全体研究授業と，学年単位の研究授業をそれぞれ年に4〜5回ほど実施しました。こうした校内研修を学校運営の中軸とするために，校務分掌を単純化するなどの改革をしました。

ついには，校区の小学校や近隣の中学校との連携も進め，小中4校合同の学び合い学習研修会を実施しています。英語科の交流では，協同学習に適した教材や課題設定などの交流が行われています。こうして，学校全体，さらには地域ぐるみで「学びの共同体」が構築されたのです。

（江利川春雄）

1 実践報告⑫

協同学習を学校文化に——中学での実践

柏村みね子（東京都中野区立第三中学校）

1-1 「協同学習」のはじまり——「共存共生」を授業に

私の勤務校は，東京都心部に位置し，全校生徒250名あまりのうち，2割から3割が帰国生徒という特色のある学校です。帰国生徒重点受け入れ校として，「共存・共生」を教育理念に，一般の生徒と帰国生徒がふれあい，協力して生活しています。

しかし，以前は英語の授業で習熟度別授業が行われるなど，授業場面で助け合い，高め合いが十分に実現されているとは言えませんでした。そこで英語科では，平成19年度から習熟度別授業をやめ，協同学習をとり入れて，様々な到達レベルの生徒が共に学ぶ授業形態を試みるようになりました。

その頃，同じ中野区にある東京大学教育学部附属中等教育学校が，「学びの共同体」を柱にした学校改革を始め，成果を上げているという報告が本校にも伝わりました。そこで，平成20年度より，校内研修のテーマとして「協同学習」をゆるやかな形で取り上げることが校長から提案されました。それまでの校内研修は年3回の研究授業が中心で，教科の内容や指導方法にまで及ぶことはなく，「教科の壁」を越えられないという弱点を持っていました。「学びの共同体」では，「生徒の学び」にスポットをあて，教科に関係なく誰もが同じ土俵で学びあえるので，校内研修の活性化につながるのではないかと感じていました。

一方で「学びの共同体」で前提とされる，校長のリーダーシップによってトップダウンで進められる学校改革のイメージには疑問がありました。そこで平成20年度の「協同学習元年」に，各自が自分なりの方法で，少しずつ本校に合った協同学習の姿を模索することを方針とし，以来4年間，私は研修主任として，協同学習の文化を根付かせるために実践を進めてきました。その4年間の歩みを振り返りながら，本校にどのように協同的な学校文化が育まれてきたのかを考えてみたいと思います。

1–2　モデル授業でイメージをつくる──協同学習元年

　年10回の校内研修会のうち，協同学習に関する研修には2～3回を充てています。5月と9月には，外部講師を招いて「協同学習」の理論と実践を学ぶことが定着してきています。

　初年度（平成20年度）は，5月に東大附属中等教育学校より草川剛人氏（当時副校長）を招き，「学びの共同体」についての講演，そして9月には，同校の同じく草川氏（社会科）と高橋氏（数学科）に，協同学習のモデル授業をしていただきました。生徒たちが4人グループの活動でどんな反応をするのか，コの字型の配置で，ちょっと高めの課題にどのように向かっていくのか，興味深くその姿を観察しました。こうして，協同学習の実践がかなり身近なものとなり，自分なりに試みる教師が増えていきました。

　初年度に，協同学習に挑戦せざるを得ない状態を作り出した2つの後押しがありました。ひとつは，年2～3回の「授業相互観察週間」です。5月，9月，1月の各7日間は，全員ができるかぎり「協同学習」に挑戦することにし，お互いに見学に行き，コメントを交換する，というシステムにしました。空き時間をみつけ，見学にでかけるのも容易ではありません。よく数人で連れ

立って，授業を見て回るツアーを行いました。

　もうひとつは，年に5～6回ある保護者・地域への学校公開です。校長がこの機会に，「なるべく協同学習を」と呼びかけ，授業に協同学習をとり入れる教師が増えました。

1–3 「コの字型」と「協調の技能」——2年目

　2年目も草川氏，高橋氏の講演を聞き，それをスタートに「授業相互観察週間」を年3回行いました。この年は「授業見学」を行った後，「フィードバック・シート」の交換を行いました。秋の「フィードバック・シート」の項目は次のようなものでした。

> 1．印象に残った形態・場面（4人・6人・ペア・コの字／導入・展開・話し合いなど）。
> 2．これはいい！と思った授業内容・方法。
> 3．私が見た，生徒の学び合い，高め合い，気づきは。
> 4．疑問に思ったこと，聞きたいこと。
> 5．メッセージをひとこと。

　この年は，若い教師も増えたので，「協同学習」だけにとどまらず，お互いの授業の細かいノウハウからも学び合うことを呼びかけました。そして，1月に行った「授業相互観察週間」では，協同学習を通じて身につけさせたい「協調の技能」（『先生のためのアイディアブック』）を参考に，右のような23の技能をどう生徒が使っているか，という観察を項目に取り入れました。

　どの授業でも，グループを作って協同学習場面を設けることは日常の風景となっていました。結果的に，授業に参加しない（できない）という生徒はほぼ見られず，なごやかな雰囲気で学習に集中する姿がどの学級でも見られました。職員室では，お茶を片

> ### 身につけさせたい23の技能
> 1. 謝る
> 2. フィードバックを求める
> 3. 助け，説明，例証，解説，繰り返しを求める
> 4. 仲間が理解しているかどうかを確認する
> 5. 妥協する
> 6. 丁寧に反対意見を述べる
> 7. 仲間の参加を促す
> 8. 脱線してしまったときに，課題に引き戻す
> 9. 理由を述べる
> 10. 制限時間を守る
> 11. 提案する
> 12. 仲間を説得する
> 13. 仲間をほめる
> 14. 例を挙げる
> 15. 小さな声で話す
> 16. 考えをまとめる
> 17. 交替で行う
> 18. 仲間に感謝する
> 19. グループ活動がうまくいくようにユーモアを利用する
> 20. 話しかけるとき，相手の名前を呼ぶ
> 21. あせらないで待つ
> 22. 適切なタイミングで友達の話に口をはさむ
> 23. 仲間の話をじっくり聞く

手に，授業について話す場面がみられるようになり，授業について語り合う文化が育ちつつあるのを感じました。

当時の課題は2点ありました。1点目は，生徒が協同学習でどのような技能を身につけることができたか，ということです。アンケートによると，「助けを求める」「あせらないで待つ」という力はついているが「提案をする」「課題に引き戻す」という技能はまだ足りない，と自己評価する生徒が多数見られました。この年の総括では，「仲間と関わる力」が弱い生徒が多い中，このような技能を意識した実践の必要性を感じる，という声もありました。

2点目は，協同学習の課題の質を高めることでした。一部の生徒がリードして，やすやすと成し遂げてしまうような課題では，生徒は協同で取り組む意味を実感できませんし，「挑戦したい」という学びへの動機も高まりません。こうした問題に取り組むには，学校全体として協同学習を行う意義や理念を言葉にすること

がどうしても必要になる，そう気づいた2年目の終わりでした。

1-4 実践家から学ぶ「協同学習」——3年目

　春の講演は，宝仙女子中学校で新たな学校づくりを始めた草川剛人氏を迎え，「専門家としての教師像」「教師の人生は学び続ける人生」というお話に刺激を受けました。

　3年目に新たに取り組んだことは2つありました。1つ目は，秋の講演で，現場で毎日協同学習を行っている先進的な実践家を招いたことです。東大附属中等教育学校の理科の前田香織氏を招き，「『学びの共同体』を取り入れて」と題して，具体的な生徒の変容を語っていただきました。「あえて仲の良くない生徒を同じグループにする」，「課題を通じて，話をせざるを得ない状況を作る」，「協同学習の意義を繰り返し，生徒に伝えること」など，実践の中で見出した数々のキーワードから，課題を解く鍵をいただきました。目の前の生徒と向き合う中で，1つ1つの小さな気づきから，実践の糸口を発見し続けている実践家の言葉は迫力があり，強く惹きつけられました。

　もう1つは，当初の年間計画になくても，できることはすぐ試してみる，と決意したことでした。たとえば「ホワイトボードでツイッター！」の取り組みです。

1-5　ホワイトボードでツイッター?!

　定期テスト後の職員室。採点をする同僚たちのぼやきが聞こえてきます。「もう信じられない，なんで，この解答なの？」「ありえない，あんなに授業でやったのに〜。」「答えを出した後，問題に合っているかどうか，絶対見直ししていない！」「新しい用語

を作り出している！」など，愚痴，驚き，嘆きが止まりません。

　しかし，その一見，迷解答，珍解答に思われる解答に，生徒の学びの現状を読み取ることができます。採点の数日間は，学習の定着，学びの現状にどの教師も特に集中しているので，その言葉を書き留めておかないともったいない！と思い，早速，ミニ・ホワイトボードを取り出しました。

　そして採点の間のつぶやき，愚痴を聞いて回っては，ボードにメモしていったのです。職員室の片隅に立てかけておくと，みな気になってボードを読みに集まってきます。ペンを置いておくと，自分の気づきをメモしてくれる人も出ます。こうして，ほんの3日間でボードは，3枚目に突入し，「生徒の学びの全体像」を表す広場になったのです。とにかく，ぶつぶつつぶやくことから「ツイッター」と名付けて，親しみやすくしました。

　愚痴も，つぶやきも，可視化して，客観的に，集団的に読み直せば，次の授業の足掛かりになります。これも，職員室を集団の学びの場にすることに一役買ったのではないかと考えています。

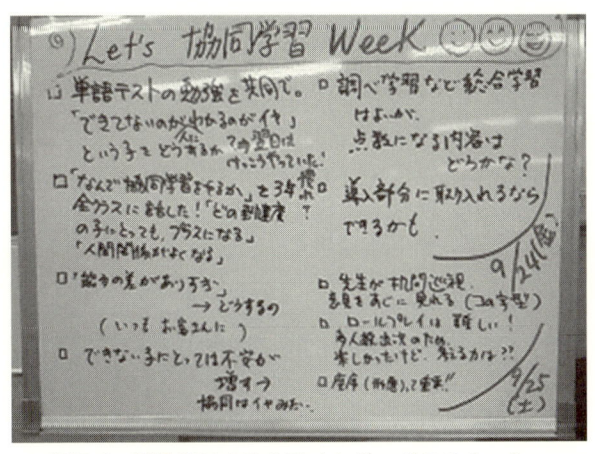

図7-1　職員室にあるホワイトボードのツイッター

このささやかで突発的な取り組みは，その後，「授業相互観察週間」の最中もボードに実践や観察結果を書き込む，という「ボードで共有」に発展しました。

1-6 道徳でも，総合でも，共通の手法として

11月の道徳公開講座でのこと，各学年のほとんどのクラスで，自然にコの字型の机配置で話し合いが行われ，ペアや4人グループで活動が行われていたことがわかりました。すべての学級を見学した校長は，「協同学習」がどの学年の，どの学級でも行うことができる，本校の「共有の手法」であり，財産になっていると指摘しました。

教科の実践が前進していたかどうかはわかりませんが，むしろ道徳，学活，総合的な学習の時間で活用しやすい，と感じていた教師も多かったようでした。

1-7 「授業がちょっと豊かになる協同学習レシピ集」

協同学習をテーマにした校内研修も4年目に入り，より具体的な手法を学びたい，というニーズが高まってきました。そこで春の研修会は，日本協同教育学会の伏野久美子氏に，協同学習の理念とペア・グループ学習の方法をワークショップ形式で紹介していただきました。手法のレパートリーが増えることで，家庭科や理科，道徳など様々な場面での実践が行われていきました。

秋には，東大附属中等教育学校の沖浜真治氏に来ていただき，「学びの共同体」の教室実践（→第5章1 実践報告⑥）を包み隠さずお話いただきました。「教材の選び方」「グループの中でうまく活動に入れない生徒への働きかけ」「最後のまとめ方」など，

具体的な悩みがグループ討議から出され，沖浜氏の見解を聞きながら考えることができました。講演への質疑からも，各自の実践の中で，協同学習の経験が確実に積み重ねられていることは感じられました。一方で，ますます多忙化が進み，お互いの授業見学をする時間がとれないことが課題であり，それぞれの実践が共有できないもどかしさがありました。

そこで取り組んだのが，「協同学習レシピ集」の発行です。自己表現やスピーチ，五行詩などの実際に教室で行う際のノウハウ

授業がちょっと豊かになる協同学習レシピ 　　　　　　　　1年英語

レシピ名	サザエさんで学ぶ家族の単語			
シェフ	柏村みね子	学年・教科	1年・英語	20分
シェフからのひとこと	・多くの生徒になじみのあるサザエさん一家。その家系図を使って，家族に関する単語を学びます。さらに，サザエさんは，母であり，娘であり，姉であり…と一家の中でさまざまな役割を担っています。いくつもの答えが出るところがポイントです！			
材料	・サザエ一家のポスター，絵など ・サザエさんの家系図			
準備	・ホワイト・ボード，ペン，イレイサー（4人班に1つ） ・ワークシート1「家族を表す単語練習のための罫線」（個々に） ・「サザエさんの家系図」（4人班に1つ） ・サザエさんのポスターを黒板に貼っておく。（今日はサザエさんだ！という空気をつくる） ・タイマー			
手順	1．前回行った家族の名前に関する単語を，ワークシートにびっしり練習する。 2．ホワイト・ボードのセットを4人班に1つずつ，配布する。 　＊ホワイト・ボードの角が人にあたらないように手でカバーして持ち運ぶよう指示する。 　＊4人グループで，机をぴったりつけるように言う。 3．〈活動1〉家族に関する英単語を，制限時間内（1分半）に，1人1つずつボードに書く。 　1つ書いたらペンを次の人にまわす。かなり集中して盛り上がる。 4．〈活動2〉サザエさんの家系図を班に1枚配る。 　T: Katsuo is Sazae's....　S: Brother! 　T: そうです。では，Sazae さんを主語にして，〜's....の文を作りましょう。いくつできる 　　でしょうか。よーい，スタート。（3分タイマーをセット） 5．一番多く書けた班にすべての答えを言ってもらう。 6．机を戻して，ワークシートの裏に，グループで書いた英文を自分で考えて書く。6つ書けた生徒は，さらに他の好きな人物について書く。			
みんなの反応は？	英語が苦手な生徒は son など短い単語を書き，得意な生徒は grandfather など長めの単語を書く。そうすると，苦手な生徒が father を書けた。チームワークが大事。サザエさんの家系図を読み，それをグループで相談して，英文にする作業は，いろいろな可能性があるのがおもしろかった。			
隠し味 （ポイント）	制限時間を決めると，集中度があがる。ホワイト・ボードを出して，ペンを握った途端，「今日の英語が楽しいね〜」とつぶやいた生徒がいた。初めてホワイト・ボードを使って安全に活動が成立。10月4日はホワイト・ボード記念日！			

図7-2　協同学習レシピの例

や味付け、欠かせないコツを料理のレシピのようにビジュアルに紹介する、月刊誌『新英語教育』連載の「授業をおいしくするスマイル・レシピ」(柏村・田中、2011として刊行)をヒントにしました。体育、理科、国語、数学、家庭科、英語から、様々な場面での協同学習の実践例を寄せてもらい、「授業がちょっと豊かになる協同学習レシピ集」として、校内研修会の最終回にお披露目し、発表し合いました。料理のレシピ同様、後からどんどん増やして、学校の共有財産にしていけたら、おもしろいと思っています。

1-8 ちょこちょこと協同作業——英語の授業で

英語の授業で協同学習を取り入れる場面は、私の場合、主に3つです。「探す」「クイズを解く」「描写する」といった活動を4人グループで行います。たとえば「クイズを解く」では、ALTと協力して、クイズを10問準備します。それを1問ずつカードに書いたものを各グループに渡します。グループで1枚のカードの英語を読み、答えを英語で書いてALTのところに見せにきます。正解なら、次のカードがもらえます。これを繰り返し、10問クリアするまで続けます。「12分で10問解こう！」と時間制限をすると集中力が高まります。ここでは、「辞書をひくのが得意」、「英語が得意」、「クイズ、なぞなぞが得意」、「勘がいい」、「ヒントをもらうのがうまい」など、さまざまな力を持ったメンバーが必要であり、協力が欠かせません。グループだと、かなり難しい英文も短時間で読めてしまうので、恐れずに英文に向かう力がつきます。10分少々の協同学習をちょこちょこと積み上げていくことで、英語を使う総合力が高まるのではないかと思います。

1-9 校内研修会をワークショップ型で

4年間で,校内研修会の形式もワークショップ型へと変わり,グループ討議やアクティビティを頻繁に行うようになりました。お互いが講師になり,その実践報告から学び,自分たちの疑問や気づきが中心課題になり,話し合って,今後の見通しを確認する,というスタイルです。「今日は学べたな〜」というときは,自然に会の終わりに拍手が起こることもあります。学ぶことがおもしろい,ということに私たち自身が気づくことで,授業は音を立てて変わっていくでしょう。

そして,お互いの授業への関心もどんどん高まっていくと思うのです。こうして,心を開いてお互いの仕事を認め合う文化,肯定的な学校風土が協同学習の成立には不可欠です。

協同学習は,まず教師のコミュニティの形成から,とつくづく思います。

1-10 協同学習を学校文化に

ゆるやかに始まった協同学習の実践ですが,やはり「どんな学校をつくりたいか,どのような学校文化を育みたいか」というビジョンが明確に提示され,共有されなければ,形になりにくいと感じています。同時に教師自身が,学ぶことのおもしろさを再度からだにしみこませること,学習観を広げること,深めることが必要でしょう。

すべての子どもと教職員,学校をとりまく当事者が多様性を尊重され,自分らしく生きるために,これからも協同の理念と文化を大事に育てていきたいと思います。

2 実践報告⑬

高校で教科間の連携を図るための工夫

村上ひろ子（神戸市立葺合高等学校）

2-1 各教科の特色を活かした連携を目指して

ここでご紹介する実践例は，3年間（平成21～23年度）取り組んだ文部科学省の研究開発事業（外国語）が基になっています。研究テーマは「学校設定科目(IE)を活用した実践的英語コミュニケーション能力を育成するための効果的な指導法等の研究」で，「5技能統合型授業」「評価」「自律した学習者の育成・『学びの共同体』の実践」を研究項目としました（図7-3）。

IE (Integrated English) とは，5技能（読む・聞く・書く・話す・やり取りする）を有機的に統合した科目で，問題解決型・テーマ学習・ユニット制を採用しています。

この研究には英語科教員だけでなく，国語科，保健体育科，家庭科，地歴公民科，総合学習の担当者が携わりました。連携の目的は2つあり，1つは他教科と学習内容を共有することで生徒の英文の内容理解を促進すること，2つ目は自律した学習者の育成と「学びの共同体」の実践の研

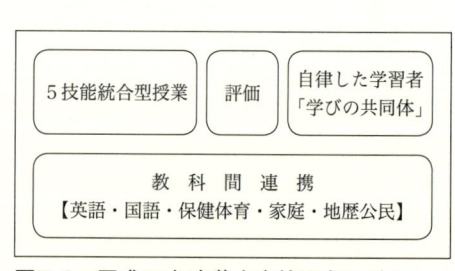

図7-3 平成21年度葺合高校研究モデル
（教科間連携は研究項目を支える土台）

究を協力して行うことでした。これまでの経緯とこれからの展望を，取り組みの具体例に即して紹介します。

2-2 連携の誕生

　高等学校の英語は科目数も担当する教員数も多いので，お互いがどのように教えているかを話し合う機会は少ないかもしれません。また，同じ教材を使い，テスト範囲や評価方法は決めても，それ以外は担当者の裁量に任されていることが多いかもしれません。ましてや他教科教員がいつ何をどのように教え，生徒たちがどのように学んでいるのかを知る機会はほとんどないのが実情ではないでしょうか。

　本校は Super English Language High School 指定校（平成17～19年度）としての研究後も，学校設定科目 IE の担当者会議（週１回程度）は引き継がれ，目標や教材，評価方法について決めています。年度当初は進捗状況の報告が中心ですが，回を重ねるにつれ自分の授業のことや授業中の生徒の様子が話されるようになります。しかし，他教科の教員とは授業実践について詳しく話すことはありませんでした。

　本校の保健体育科は，毎回の授業終了後に生徒に振り返りを書くことを課していました。英語科でリフレクションシートを作成する際，保健体育の振り返りシートを参考にした経緯があります。また，保健体育科は観点別評価に関してもいち早く取り組みました。体育の授業は学年が上がると「選択体育」となり，生徒たちは自分で種目を選び，その種目の上達を目指して生徒自らが自分の班の活動をデザインします。家庭科でも，調理実習を始め，班活動が多くあり，生徒たちは実習後や単元終了時は自分の取り組みの振り返りや感想を書きます。両教科とも，生徒の振り返りに

対して教員は生徒の気づきを促すようなコメントを丁寧に記入しています。

協同学習を実践し，自律した学習者の育成に必要な振り返り活動を行っていた保健体育科と家庭科，英語と同じく言語を扱う国語科，学習内容の共有が可能な地歴公民科（学年主任），そして英語科（兼総合学習担当）から成る教員の「共同体」が誕生しました。

2-3 共通定義に向けて

1年目の平成21年には各学期に2回，4名の英語科教員と，国語科，地歴公民科，保健体育科，家庭科より各1名の教員が集まり会議を持ち，それぞれの授業の内容や実践が話されました。英語科では，ディベートやスキット等のアウトプット活動時にグループ活動を設定しました。それを受け，国語科でもディベートに取り組むことになり，ルールや方法を英語科と共有しました。学年会の理解も得て，総合学習の時間に学年ディベート大会を行うことができました。

その他の総合学習においても，職業インタビューの発表や社会問題を考える単元の時にグループ活動を取り入れ，年度末には学年スキット大会を実施しました。

会議を通じて他教科の取り組みが分かり（表7-1），1年目は英語科，国語科と総合学習で協同学習を意識した連携をすることができました。しかし，「それぞれ独自に実践するだけよいのだろうか」，「それは協同学習と言えるのだろうか，連携していると言えるのだろうか」という疑問が会議中に生まれました。「学びの共同体」の定義付けの必要性を研究担当者が実感し始め，1年目の11月と3月に転機が来ました。

表7-1 [学びの共同体]の実践・自律した学習者の育成　年度当初の考察と来年度目標―抜粋―

		家　庭	保　健　体　育	現　代　文	総合的な学習の時間
年度当初	目的	生活課題を主体的に解決すると共に、家庭生活の実践力を図る能力を実践的な態度を育てるために、協働性・自己責任、自立と相互依存、進路保障に向けて、社会の一員として自立できる生徒を育てるために。	協働性・自己責任、進路保障に向けて、社会の一員として自立できる生徒を育てるために。	社会的生きる力に繋がるように、自主的に、課題を解決する視点で「考える」ことのできる生徒を育てる。	自己を見つめ、課題を見つけ、知識・技能を活用して、課題を解決するために必要な思考力・判断力・表現力を育てる。
	活動	ホームプロジェクトの実践および学びの工夫　相互評価	小グループによる学習中心の授業の実施、学習計画の立案、振り返り	授業で資料した知識と技能を定着し、問題解決の態度を身につける。	各演習（グループ内発表）・スキット（学年レゼンテーション）・ディベート
	生徒の変化	授業で資料した知識と技能を定着し、問題解決の態度を身につける。	毎授業において、個人とチームの目標設定を振り返りができるようになる。	一面的な考え方から、多角的な視点へ、他者の意見、内的自解へと考える力が広がる。	具体的に自分の進路を考え、身につけるべき能力を知って、主体的に進路実現に向けて行動できる。
3学期期末	生徒の成長	自分自身の問題や家庭生活の問題に気づき、自主的に取り組むようになった。また、問題解決のために、友達の発言を聞き、質問や意見を出し合い、評価することもと生徒自身の態度になってきた。	体育マラソン大会では、個人の目標達成を明確にすることで目標意識を持ち取り組めた。球技では、バスケットはボールでは、グループの取り方や組み方に気づき組み合うこと、技術にともう何かを「個人のめあてと知る」ためリーダーを中心に取り組むことでお互いのやり返りの中で相手を思いやる気持ちが顕著に現れたことができ、個人差も実感を使い、所できた仲間で取り組む姿勢が一層大きくなり、自分なりの見方や考え方の興味をもって捉えている。	小説読解の事後感想では、同性の心の温かさに率直に触れることができた。心の触れ合いは生徒の発表にも聞いていて、スキットの発表を一生懸命に受け、他人に対する思いやりを心が開かせる。そのためにも、人間で発表することで感情が高まってきたということがいろいろ、一層の達成感を感じた気。	職業調査・学年全体の発表会では各自ち工夫し、生徒発表を十分に聞いていた、スキット発表の場面では心の向上の意見を受け、他人に対する取り組む姿勢に刺激を受け、他人に対する姿勢が感じられ、人間で発表することで感情がす高まってきた。
	教師の変容	時代とともに変わる家庭の中で、問題点変化していくのが生徒の研究発表の中から読み取れた。教師自身が新たなトピックを問題提起し、授業へのアプローチの仕方を見出すことができた。	体育・保健・現実に起こった場面の違いについて真剣に考える姿を見ることができる。	小説読解のグループ活動中に、私にとって初めての試みであるかった、予想以上の集中ぶりを一所懸命の読解では見てられない、生徒同士の議論、理解の分かち合いが出会いに本質をさせる大きなプラスとなった。	スキット発表・ディベートでは生徒の自主性を尊んしたことで、彼らの向上心を刺激し、その開く側面と教師側が実践を絞る生徒にとっても学習時間を教師側が体を絞ることなかった。教師の連携を深め、生活全般にわたって、教師の連携を深め、生徒に対して安定した仲介、方向性を導き、生徒の価値観や判断の基礎作りに大いに思われる。
	来年度の目標	食事の自己点検から、授業の中で、高校生の自己目標計画を見つけ、より良い食事のために、話し合い調整実践を取り入れるためにグループでの調整実現の仕方と健康体操のための方策を採る。	体育一体となる関連事項を予定、生活の指導と授業の取り組み方をより明確にして、振り返りができる生徒を指導しつつ、保健・授業で学んだこと生活の中で活かされるように授業をみんなで考えるようにする。	教材の選定に伴い、指導方法も当然異なっていくのが、生徒自身をグループ活動などでは個々の問題の活かの実感を、主体的な時間、教師側の経営事実を尊重し、他者言見の確認、自者見の多様さがあることや学ぶことが場面を、今後も設定していきたい。	今後の修学旅行を控え、進路学習ができた考え上、台湾修学旅行における歴史的背景、日本の関わりを考え、表面的な事実を超えより具体的なものが必要と時間になった。

3 学期末

	英　語（1E）
生徒の成長	年間を通じて活動の指示を英語で出し続けたため、理解し、指示されたことを速やかに行うことが出来るようになった。生徒はスピーチとしても生徒全員を英語で発表する、最初はまごっこしたしていた生徒も、次第に初歩的なミスが減ってきた。定期考査として問題の英語文を書きあげると共に、授業の内容をまたがりと共に、自主的に＋αの学習をする生徒が数名見られた。各ユニットでのアウトプット活動を行う中で、自分の考えを表現しようと努力する生徒が増えてきた。
教師の変容	年間を通じて教科の会議を多く持ち、細かく話し合うことと共に、生徒の様子や学習理解の傾向をつかむことに、より質の高い教材を提供する事を考えるようになった。ノート点検や英作文の添削、リフレクションシートなどを通じて生徒のつまずきをすぐに気持ちを感じることができた。それを授業で反映させることができてきた。
来年度の目標	今年度を同様に自分の授業を観察して、生徒の振り返りをしながら、現状にあった授業方法を考えていきたい。また、生徒たちが自立した学習者に育つための仕掛けを与えながら、学びの共同体としての実践のひとつ、他教科の実践のひとつ、共に成長したい。

2-4 協同学習を学ぶ

　教科間で会議を開き，各教科の授業内容や生徒の様子の情報交換は進みましたが，それぞれの教科が「自律した学習者の育成」と「『学びの共同体』の実践」においてどう連携したらよいのか分からず，閉塞感を感じていました。

　そこで，運営指導委員の先生に実践授業を依頼し，その後，研究会を開催することを計画しました。神戸市外国語大学の玉井健教授に，本校の生徒を対象に経験主義的アプローチに基づいた自己発見型の授業を実践していただきました。1クラスは文法の授業を，もう1クラスは文化の分析授業でしたが，英語科教員はもちろんのこと，他教科教員も授業見学に足を運びました。玉井先生の授業は，「教師の役割は生徒の学びの過程に貢献すること」を趣旨に，生徒とのやり取りをとても大切にされ，生徒の発言などから生徒の理解度を把握し，生徒のレベルに合った問いかけをされていきました。個人活動の後，ペア活動で答えを確認し，グループ活動は4人の知識や多様性を必要とする発展的なものでした。

　この授業を見た地歴公民科の教員は「生徒からの発言を上手に扱い，授業が生徒主導型である。自分もこのような授業を早くしたいと思った」と感想を述べています。「このような授業を受けてみたい。自分の授業に取り入れてみたい」と多くの教師が思いました。

　平成22年の3月には関西大学の田尻悟郎教授に教員向けの「『自律した学習者』『学びの共同体』育成のための指導法」のワークショップをしていただきました。この時も英語科以外の教科の先生からも参加希望がありました。田尻先生はグループ活動を行う上での秘訣を実体験とユーモアを交えながらお話され，参

加者全員が田尻先生ワールドに引き込まれていきました。教員自身が実際に同じ体験することで，協同学習に対する共通のイメージが持てたと考えています。

その年の春休みには，英語科教員3名と国語科教員1名が東京大学の佐藤学教授（現学習院大学）に「学びの共同体」について直接お話しを伺いに行きました。4名ともとても感銘を受けた様子で，自分たちが何をどう思ったのかについて熱く語っていました。「学校全体で学びの共同体を実践するにはどうしたらよいか」，「生徒の思考力（母語）と表現力（英語）の乖離を踏まえ，英語の授業においていかに実践していくか」などについて，次年度に向けて教員の間で議論をしました。

2-5 実践の始まり

2年目に当たる平成22年の4月当初の学年打ち合わせ会で，佐藤学先生から直接指導を受けた教員が，「学びの共同体」の定義と効果を説明し，学年で実践していくという方向性が確認されました。まず，小中学生向けのグループワークをアレンジして4人組の活動を総合学習の時間に実施しました。日本史の授業では資料の読み解きを4人グループで行いました。6月には東京大学附属中等教育学校における校内研究会に参加したことにより，「何となくグループ活動」から前進するための，「背伸びとジャンプ」を伴う課題（「ジャンプ課題」）を設定するというヒントを得ることができました。思考を深め，表現力を伸ばすことを目標とし，課題（タスク）を1人用，2人用，4人用に分けて設定することで，グループで活動する意義が明確になりました。

2学期には国語科と学習内容を共有し，同時期に同題材で協同学習を実践しました。題材は生徒が苦手とする抽象的話題をあえ

て取り上げ、英語科ではEthnocentrism、国語科では「個人中心主義・民族中心主義」としました。生徒たちは、英語の授業でculture shockのビデオを見た後に、国語の授業で個人中心主義と民族中心主義の良い点・悪い点をグループで考え、英語の授業でテキストを読んだ後にEthnocentrismに対する自分の意見を英語で書きました（図7-4）。その後ALTが不思議に思う日本の事象（例：トイレの流水音の存在理由）についてスキットで説明しました（「ジャンプ課題」）。

　抽象的な話題を扱う場合、英語だけの説明では生徒は理解できず、母語による説明がどうしても必要となります。すると内容理解に必死になり、生徒の頭には英語が残らないことがこれまでもありました。母国語と英語で内容を共有することは、生徒の理解を促進し表現を深めることとなりました。また、お互いのワークシートについて助言し合ったり、協同学習場面を見学するなど、教員間連携も促進されました。

　3学期は、英語科のグループ活動で発展がありました。保健体育では生徒が授業をデザイン（グループ活動を計画・実践・自己

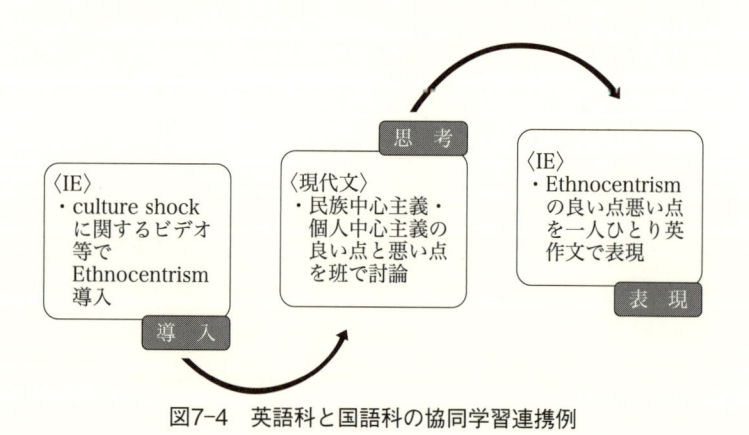

〈IE〉
・culture shockに関するビデオ等でEthnocentrism導入
　導入

〈現代文〉
・民族中心主義・個人中心主義の良い点と悪い点を班で討論
　思考

〈IE〉
・Ethnocentrismの良い点悪い点を一人ひとり英作文で表現
　表現

図7-4　英語科と国語科の協同学習連携例

評価）していることが報告されたことを受け，英語科でも，計画を生徒に委ねた「自主性を重んじたグループ・プレゼンテーション」を実施しました。

2年次の最後のユニットの題材は地雷問題で，アウトプット活動に取り組みました。各グループに地雷問題に取り組んでいる異なる人物や団体のリーディング教材を渡し，それを用いて15分程度の授業を生徒自身が行うという課題（「ジャンプ課題」）です。

計画の段階では，聞いている他の生徒の関心を引き，参加型にするための工夫がグループで考案され，ワークシートに反映させました。実施の段階では，スキット等の一方向的なものとは違う，自分たちで聞き手の反応を見て進めていく難しさを生徒たちは感じていました。

このようにして，2年目は教員と生徒ともに試行錯誤をしながら着実に協同が推進されていきました。

2-6 実施への課題

「教えなくてはいけないことが多くて，グループ活動をやる時間がない」，「1回やってみて，生徒はよく考えて良い意見も出たが，知識を伝える教科だから時間がない」，「自分の教科はグループ活動が当たり前なので，この研究に参加する意味がない」。これらは会議で実際に飛び交った言葉です。価値を見出せないことには人は熱心に取り組みません。これは生徒にも教員にも当てはまることではないでしょうか。

研究を開始した当初は，他教科と連携して「学びの共同体」を実施することが目標でした。しかしその後，協同学習を実施する前の不安や実施における悩みなども他教科と共有し考えることが連携だということに徐々に気がついていきました。協同学習の実

践がゴールではなく，それはスタートであって，生徒の協同学習は教員の協同学習を経て実践されるものだということが明らかになりました。

2-7　生徒の意見

　3年目の平成23年度になると，正式な会議の回数は減少しましたが，連携を意識した会話が教員間で自然に発生するようになりました。「発達と保育」（家庭科選択教科）の実習授業では，生徒たちが幼稚園児との遊びを自分たちで考えたり，生活習慣の大切さを教える授業を計画し，実施しました（図7-5）。体育では，生徒は競技を選択し，ほとんどの授業において，生徒自身が順番に50分授業を計画し，実践，振り返りを行っていました。

　このような取り組みの中で，生徒の自律性が認められる作品や活動を互いに報告し，成長を喜び合うことがたびたびありました。個々の教科だけではなく，教科の枠を超えて教員全体で生徒を育てているという意識が高まりました。

　平成23年12月には，生徒を対象に協同学習に関するアンケート（表7-2）を英語科で実施しました。

　アンケート結果から，グループ活動に対しては概ね前向きと判断できます。グループ活動における生徒の様子は，メンバーの考えをよく聞き，一人ひとりの意見を取り入れて英語で表現しようとしていました。しかし，成績面での効果については半数以上の生

図7-5　「発達と保育」実習風景

表7-2 グループ活動についてアンケート調査―抜粋―

- ●70%以上の生徒が「とてもそう思う」「そう思う」と答えた項目
  - ・グループ活動では、素直に意見することが大事である（91%）
  - ・みんなで色々な意見を出し合うことは役にたつ（91%）
  - ・グループ活動ならば、他の人の意見を聞くことができるので自分の知識も増える（87%）
  - ・グループ活動では、一人で考え付かないような解決方法を考え出すことができる（85%）
  - ・グループ活動では、メンバーを信頼することが大事だ（70%）
- ●70%以上の生徒が「あまりそうは思わない」「思わない」と答えた項目
  - ・勉強が苦手な人たちは、助け合わなければならないが、勉強が得意な人たちが助け合う必要はない（73%）
  - ・勉強が得意な人たちが、わざわざグループ活動する必要はない（71%）
- ●50%以上の生徒が「どちらともいえない」と答えた項目
  - ・勉強が得意な人は、グループ活動することで、もっと良い成績をとることができる（56%）
  - ・一人でやるよりも、グループ活動する方が、良い成績をとることができる（52%）
  - ・グループで気を使いながらやるより、一人でやる方が、やりがいがある（50%）
  - ・みんなでやるより、一人でやる方が、勉強がはかどる（50%）

徒は実感がなかったと解釈できます。今回の研究では思考を深め表現を豊かにすることを目標とした「ジャンプ課題」が多く、読解や文の構造を理解する活動はありませんでした。実際に生徒たちが協同で取り組んだ課題の影響もあると思われます。

2-8 他学年への波及

本校の改革推進委員会では、他教科から学ぼうという機運が高

まり，研究2年目の秋には2週間にわたる授業公開週間が開始されました。2週間の間に授業を2つ見学に行き，気づいた点を書いて授業者に渡し，授業者はそれを読んでコメントを書いて提出します。同教科・他学年のグループ学習の実践を見て，自分の授業に取り入れた先生もいました。どの学年も総合学習ではグループ活動を取り入れ，生徒たちの協同学習の素地は出来つつあるといえます。

2-9 教科間連携を進めるために

3年間の取り組みを終えて，教科間で協同学習を実践するためには3つの段階があるのではないかと考えます（図7-6）。まず他教科の学習内容や学習活動をお互いに知り，連携可能な点などを話し合うことが大切です。最初はトップダウン的な情報交換の場の設定が必要かもしれませんが，授業公開週間なども話し合いのきっかけになると思われます。

相互理解が進んだら，協同学習の実践例を他教科教員と一緒に見て考えを述べ合ったり，協同学習のワークショップに一緒に参加することで，体験を共有する機会を作ります。同じ体験をすることで，「協同学習を通じて育てたい生徒は〇〇」などが話し合われ，共通の目標と実践への方向性が定まってきます。

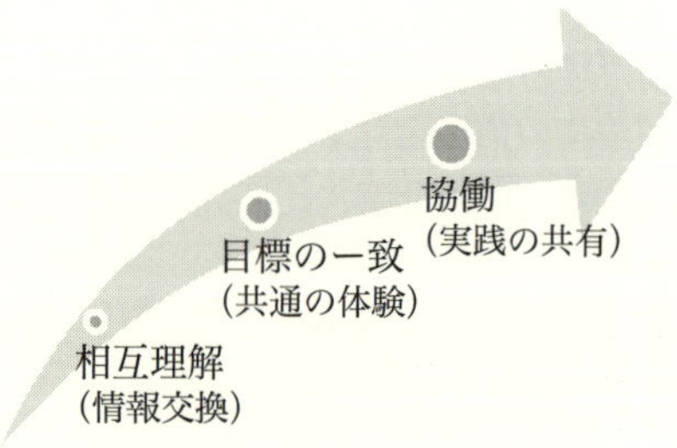

最後に，協同学習の継続には，個々の教師が創意工夫を重ねて実践していることを，教科の枠を超えて共有することが必

図7-6 教科間連携への道筋

相互理解（情報交換）→ 目標の一致（共通の体験）→ 協働（実践の共有）

要です。

　具体的には，協同学習を取り入れた授業を公開し，それをもとに研究協議会を開きます。成功例だけでなく，失敗例や悩みを話し合い，共有していく場の存在はとても大切だと思われます。

　教科の専門性が進む高等学校だからこそ，他教科から学ぶことは多くあります。国語科との連携は言うまでもなく，英語は知識面と技能面の両方を含むので，全ての教科と関連性があると言っても過言ではありません。

　今後は3年間の取り組みをもとに，5技能統合型授業・評価・協同学習を通じて生徒が自律性を身につけていく過程を研究する予定です（図7-7）。

　また，今回の研究に共に携わった以外の教科との連携を探りたいと思います。そして，理解力を伸ばす「ジャンプ課題」など，課題のあり方も検証し，協同学習をさらに発展させていきたいと考えています。

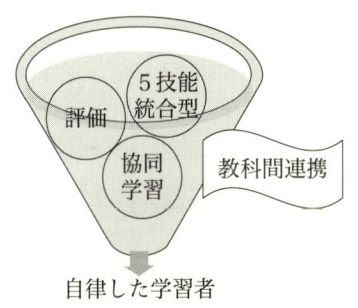

図7-7　平成24年度研究モデル（案）

3 実践報告⑭

授業の質を高める研修計画と研究会とは

根岸恒雄（埼玉県熊谷市立大幡中学校）

3-1 「学びの共同体」づくりを始めるまで

(1) 現任校の実情

2008年度に私は現在の中学校に赴任しました。授業の成立も厳しいような状況に直面し，前任校とのあまりの違いに，当時は驚き，とまどいました。その年，私は3年生の英語を中心に担当し，他の学年にも関わりを持っていましたが，特に上半期は各学年とも落ち着きに欠ける状況がありました。

2009年度になると，全体的にはより落ち着きを増してきたようでした。しかし，生徒たちは次のような特徴を持っていたといえるでしょう。

> ①深刻な家庭環境をかかえている子どもたちが多い。
> ②学びを諦めてしまっている子どもたちが相当数いる。
> ③低学力の生徒が多く，低学力の「底も深い」。

(2) 英語科での取り組み

私は2008年度，3年生を中心に，子どもたちの実態を見ながら協同学習の取り組みを行っていました。一斉授業と4人グループの学習を組み合わせて実施し，生徒たちには全体的に好評でした。生活面では落ち着きに欠けていても，学力が比較的高かった

3年生は,夏休み明けくらいから学習により意欲的に取り組むようになってきました。

(3) 全校の取り組みへ

一方,いろいろな機会を通し,管理職や同僚の先生に協同学習の意義や効果を話してきました。10月に校内研修会を開いてもらい,私が「グループ学習(協同学習)の重要性」というタイトルで30分程問題提起をし,10分程授業のビデオを見てもらいました。その時に提起した「今後の方針(案)」は次の内容でした。

今後の方針(案)
①校内研修会の実施
②研究の推進体制の確立
③全校,各学年での研究授業の実施
④教師が理論的に理解することの重要性(課題図書)
⑤先進校から学ぶこと
⑥全クラスで生活班とともに学習班(4人程度)を作っておき,授業に対応できるようにしておく
⑦来年度以降やりたいこと

その後,私自身が「学びの共同体」づくりの先進校の公開研究会や研修会に参加して情報を集め,学校に報告してきました。2月に埼玉大学の庄司康生教授に来て頂き,「協同学習(『学びの共同体』づくり)に全校で取り組む意義」というタイトルで講演していただき,研究推進委員

図7-8 授業研究会の様子

会にも参加してもらいました。

　年度末，2回の研修会と推進委員会の議論を経て，2009年度から全校で協同学習（「学びの共同体」づくり）に取り組んでいくことが了承されました。管理職も含め多くの教師が子どもたちの厳しい実態を認識しており，「何か良い方法があれば」と考え賛成したといえるでしょう。

3-2　研修計画と研究会の持ち方

(1) 2009年度の校内研修方針

　2009（平成21）年度の校内研修方針は次のように決定されました。

平成21年度校内研修方針（抜粋）

1　基本方針

すべての生徒の学びを保障するため

(1)「学びの共同体」づくりに全校で取り組んでいく。
(2) 全教師が年に一回は授業を公開し，全員で協議する。
(3) 授業研究の目的は，①生徒同士の学び合う関係づくり，②教師同士の学び合う関係づくり（同僚性の構築），③高いレベルの学びの実現，とする。
(4) 研究協議は「子どもの参加の仕方」から授業を読み解く形で行う。
(5) 外部から講師を招聘し，指導を受け，共に研究を進める。
(6) 先進校への視察を行い，具体的イメージをつかむ。

2　具体的進め方

(1) 外部講師を年5回程度招聘し全体研究授業を行い，年4回各学年研究授業を行う。
(2) 研究授業(公開授業)には指導案ではなく，「授業デザイン」を書いて行う。
(3) 全クラスで男2，女2を基本とするグループ（市松模様）を作って活用してゆく。
(4) 校内研修を学校運営の中軸にするため，単純化できる組織や運営は改革を加えていく。

3　具体的計画

月日	内容	研究授業者	備考
4月20日	研究授業者の決定		
5月20日	研究授業（講師来校）	A教諭（2年2組）	英語
6月	学年研究授業①	各学年1人	
7月3日	研究授業（講師来校）	B教諭（3年3組）	数学
8月21日	校内研修会		
9月	学年研究授業②	各学年1人	
10月13日	研究授業（講師来校）	C教諭（3年3組）	社会
11月17日	研究授業（講師来校）	D教諭（1年1組）	社会
12月	学年研究授業③	各学年1人	
1月27日	研究授業（講師来校）	E教諭（2年3組）	理科
1，2月	学年研究授業④	1，2年各1人	
3月	次年度の方針案決定		

4　全体研究授業の日の日程
①1～3時限の授業，②給食・清掃，③第4時限の授業（校内の公開とする），④帰りの会（生徒下校），⑤研究授業（該当クラス），⑥研究協議会，⑦研究推進委員会

5　学年研究授業の持ち方
（1）全体研究授業をやらない人は学年研究授業を行う。
（2）学年内で授業日を決め，全体にも公表しながら行う。
（3）学年内の授業研究会を持つようにする。

「校内研修方針」にあるように，全教員が年に一度は全体研究授業か学年研究授業のどちらかを行います。しかも全体研究授業（年間5回程度）の前の時間は公開授業となり，来られた指導者だけでなく，教員も参観できます。研究授業や公開授業は「授業デザイン」（生徒の学びに視点をあてた簡素化した指導案）を3日程前までに書いて行います。

(1)「授業デザイン」の例

1年2組　英語科授業デザイン
授業者　Ne, Ko, J・M

1　日時
　12月1日（木）　第4時　　1年2組
2　内容
　Program7-1の発展「一般動詞の過去形を使って，先週したことを表現する」
3　本時のねらい
　（1）規則動詞の過去形，不規則動詞の過去形を復習する。
　（2）先輩の作品を読み取る。
　（3）My Last Week（先週の私）を書けるようにする。
　（4）学び合いを成立させるために資料を活用させる。
4　授業の流れ
　（1）一般動詞の原形，過去形のコーラスリーディング
　（2）規則動詞，不規則動詞の復習（パワーポイントで）
　（3）先輩の作品読み取りと表現の確認（グループ活動①）
　（4）My Last Weekを書く（グループ活動②）
　（5）できた作品を何人かに発表してもらう。
5　授業評価のポイント
　（1）規則動詞，不規則動詞の過去形を再確認できたか？
　（2）先輩の作品を読み取れたか？
　（3）My Last Weekは書けたか？
　（4）2つのグループ活動で学び合いが成立していたか？

---

(2)「授業デザイン」作成の視点

「授業デザイン」を作る上では，①1時間の学習内容が明確か，②質の高い学びへ生徒をもっていけるか（ジャンプのある学びがあるか），③グループ学習に適した学習課題が設定されているか，などが大切になります。

(3) 研修会の様子

　全体研究授業の後の研修会は外部から講師を招いて行います。まず授業者から,「授業を振り返って（授業のねらいや達成度,必要な説明）」を語ってもらいます。その後「生徒の学ぶ様子から授業を読み解く協議」を行います。参観者が授業者へアドバイスするのではなく,「学んだことや発見したこと,感じたこと」を語ります。すべての教師が1回以上は発言するようにしていますので,主体者意識も高まります。

　研究協議のテーマは,①すべての生徒の学びを成立させていくためにどうしたらよいか,②より質の高い学びを実現させるためにどうしたらよいか,です。参加者は,個人やグループの具体的な様子を示しながら協議しますので,どこで学びが成立し,どこで学びが途切れたのかも明らかになってきます。

　教科の壁を越えて交流が行われますので,他の教師から学ぶことが多く,生徒理解も深まります。教師同士が学び合う中で,教師の同僚性も高まってきます。研究協議の最後には講師の先生から授業についてのコメントをいただくとともに,「学びの共同体」づくりによる学校改革のヴィジョン,哲学,活動システムについての解説をしていただくことで,理解を深めることができます。

　このように,教師が学び,取り組みを継続してゆくことが大切です。「学校は内部からしか変わらない。しかし外からの援助がなければ,改革は持続しない」という佐藤学氏の言葉はその通りだと思います。

(4) 学年研究授業と研究協議の取り組み

　学年の研究授業と研究協議は,全体研究授業に劣らず大切です。2011年度,私の学年は5回の研究授業と研究協議を行ってきました。他の教科と自分の教科の時の生徒の様子の違いから学ぶこ

とも多くあります。新しく転入された先生や若い先生に学んでもらう機会にもなっています。

(5) 本校の「学びの基本スタイル」の確立

全校で取り組み始めて3年目になる2011年度，より質の高い学びを保障するため，本校の「学びの基本スタイル」（図7-9）を定式化しました。教科間の違いもあり，いつもこの通りにできるとは限りませんが，全教科に共通したひとつの指針にしています。

3-3 他校との連携を図る

2009年度は「学びの共同体」づくりに1年間取り組み，多くの面で成果を実感しましたが，2つの面で他校との連携の必要性を感じるようになりました。ひとつは，生徒の学び合う関係を育てる意味で小学校との連携。もうひとつは，同じ教科での交流を図る意味で他の中学校との連携です。幸い，市内に私たちの学校より早くから「学びの共同体」づくりに取り組んでいるC中学校があり，そちらも教科間の交流を求めていることがわかりました。連絡を取り合う中で，合同研修会の話が持ち上がり，それぞれに対応する小学校も関心を示し，小中4校合同の学び合い学習研修会が2010年と2011年に行われました。ここでは2011年8月の合同研修会の内容を簡単に紹介します

この研修会での講演や交流は，参加された先生方に大変好評でした。英語科の交流では，協同学習に適した教材や課題設定などの交流が行われ有意義でした。翌年も内容をさらに検討し，続けていきたい意向を各学校の研修担当者は持っています。全国的に見ても，地域の小中学校がこうした形で連携して研修を行う形は少ないようです。

本校の「学びの基本スタイル」

授業デザイン（生徒の学びに視点をあてた簡素化した指導案）作成の視点
○1時間の学びに軸があるか（学習内容が明確になっているか）。 ○質の高い学びへ生徒を持っていけるか（ジャンプのある学びがあるか）。 ○グループでの学びに意義はあるか。

授業の展開

学習活動	学習内容	留意点
1 課題提示・説明・活動・作業	○理解、観察、読みなどの操作的、知的な活動	◇一斉授業（コの字型）学習体型 ☆教師はコの字の中に入って。 ☆しっとりした雰囲気で始めたい。 ☆準備の遅れている子にかかわる。
2 グループ活動① 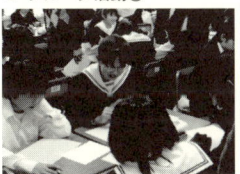	学習課題 1 ○基本的なことを共有する学び ・全体の底上げ ・個人学習の協同化	◇グループ活動① ☆できるだけモノを用意したい。 ☆机が離れていないか、机の上に余計な物をおいていないか。 ☆全体の様子を見て、学習が停滞しているグループへの援助や、学習に参加できない生徒をグループにつなぐ援助を行う。
3 全体での確認の場面		◇全体でのすり合わせ（コの字型）
4 グループ活動② 	学習課題 2 ○高い課題に挑戦する学び ・高いレベルの課題 ・背伸びとジャンプのための協同的な学び	◇グループ活動② ☆意義や必要性のある活動にする。 ☆個の力を出し切り、仲間と交流しなければ解決できない課題が望ましい。 ☆必要によりグループを超えた学び合いを示唆する。
5 全体での探求の場面 	生徒の言葉、作品等により深める ・できる限りこの場面を入れる ・交流や発表によって解決法を深める。	◇全体でのすり合わせ（コの字型） ☆子どもの息づかいを合わせてから始めたい。 ☆教師のつなぎの言葉が大切。 「なぜそう思ったの？」 「これについてはどう思う？〜さん」 「〜まではわかる？」 ☆生徒が自分の言葉で、互いに顔を合わせ説明できるようにさせる。

図7-9　本校の「学びの基本スタイル」

小中4校合同学び合い学習研修会(抜粋)
1　全体会
　(1) あいさつ：佐藤雅彰先生
　(2) 講演「小中連携で学び合い学習に取り組む意義と方法」
　　　　村瀬公胤先生
2　小中別分科会（講演と協議：中学校は教科別）
　「小学校で学び合い学習に取り組む意義と方法」　村瀬先生指導
　「中学校での学び合い学習の質を高めるために」　佐藤先生指導
3　全体会での交流
4　地域別交流会
　O小学校とO中学校，C小学校とC中学校

3-4　本校の研究課題と「学びの共同体」づくり

　2010，2011年度の2年間，本校は熊谷市教育委員会の研究指定を受けました。「心豊かな人づくり」が委嘱されたテーマでし

図7-10　4校合同研修会の全体会

たが、私たちはサブテーマとして「協同学習（「学びの共同体」づくり）の推進をとおして」を付けて全校で研究と実践を進めてきました。協同学習を全校で進めてゆくことが豊かな人間関係を作ることにつながり、道徳教育と相まって心豊かな生徒を育成していくことになると考えたからです。

　2年目の研究発表会には100人程の市内の先生方が参加され、本校の取り組みと研究成果を見ていただきました。それを機会に協同学習に関心を持っていただいた方もいたと思います。

　本校が3年間取り組んできた成果は、本書第3章4「『学びの共同体』づくりと英語科での協同学習」に書きましたので、ご参照ください。本校の取り組みが3年間、比較的順調に進み成果を上げてきたのは、次のような理由からだと考えています。

（1）子どもたちの厳しい実態を何とか変えたい、と多くの教員が思っていたこと。
（2）学校長を始めとする多くの教員が賛同してくれたこと。
（3）研究推進体制がしっかりしていたこと。
（4）経験豊富な教師たちが進んで研究授業を引き受け、研究の推進役となってくれたこと。

　課題は、毎年新しく来られる教員に「学びの共同体」づくりの理念や方法を理解してもらうこと、そして取り組みを継続していくことです。

　協同学習を全校で進めるための研修を行う場合には、学びの共同体研究会が相談に応じてくれます。同会のサイトを訪ねてみてください。http://www.justmystage.com/home/manabi/

コラム⑥　教育大国キューバ

　教育改革に成功しながらも，忘れられた国があります。カリブ海に浮かぶ社会主義国キューバです。中南米統一学力試験（2008年）でキューバはダントツの1位。ユネスコがフィンランドとともにモデル国に推奨する教育大国なのです（吉田，2008，p.3）。

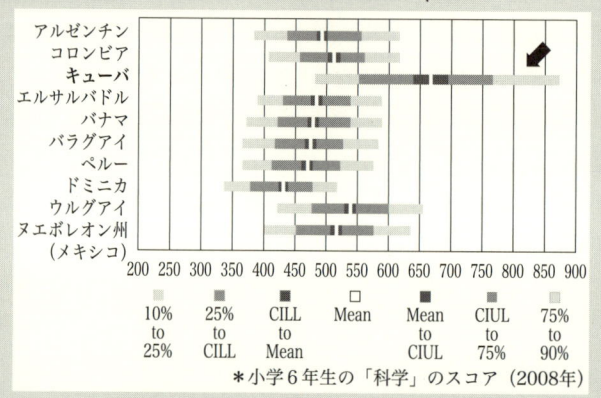

アルゼンチン	
コロンビア	
キューバ	
エルサルバドル	
パナマ	
パラグアイ	
ペルー	
ドミニカ	
ウルグアイ	
ヌエボレオン州（メキシコ）	

200 250 300 350 400 450 500 550 600 650 700 750 800 850 900

10% to 25%　25% to CILL　CILL to Mean　Mean　Mean to CIUL　CIUL to 75%　75% to 90%

＊小学6年生の「科学」のスコア（2008年）

　半世紀も続く米国の経済封鎖もあり，キューバ経済は厳しい状況です。しかし，国家予算に占める教育費の割合は23%，対GDB比は10～11%にも達し，学級定数は小学校20人，中学15人，高校30人学級という恵まれた環境を整えています。比較するのも恥ずかしいのですが，「経済大国」日本の国家予算に占める教育費の割合は年々下がり続け，2011年にはついに6.0%，対GDB比は3.4%（2008年）でOECD加盟30か国中の最下位です。

　キューバはフィンランドと同様に格差を極力なくす政策をとり，授業料や給食費などもすべて無料です。過疎地では生徒が一人でもいれば地域住民が学校の維持と運営に協力し，地域格差を作らないようにしています。「学びの共同体」そのものです。

　指導方法の中核をなすのが，協同学習です。高い学力の要因は「自主研究と自習とを組み合わせたグループ学習で」「生徒たちが助け合って勉強している」（吉田，2008，p.66）のです。　　（江利川春雄）

8 英語科協同学習 Q&A

Q1 単語や文法の基礎もわかっていないのに、学び合いが可能でしょうか？

A. 学び合いは誰にでも可能です。単語や文法の基礎がわかっていない生徒の多くは、英語がきらいです。そうした生徒にドリル的な反復練習だけを強制すれば、ますます英語がきらいになってしまいます。そこで発想を変えて、仲間との協同的な活動を通じて、英語を学ぶ楽しさを体験させる必要があるのです。

もちろん、外国語の学習にはドリル的な反復練習も必要です。それらも仲間と励まし合いながら行い、点検や答え合わせを協同的に行えば、楽しい時間に変えることが可能です。

何よりも、学び合いの中で基礎的な単語や文法に気づいたり、バラバラだった知識の統合が促されたり、知識の引き出しが整理されることで、英語の基礎学力が形成されていきます（→第2章3-2, 38ページ）。

教師が設定した基礎・基本の達成ラインに到達した、あるいは近づいたといえる状態になれば、一段高いレベルの教材や題材を用いて学び合うことができます。学び合いとはその時間だけの取り組みではなく、積み重ねることが大切なのです。　　（船津真理）

Q2 英語科での協同学習にふさわしいグループ編成の仕方はあるでしょうか？

A. 協同学習でのグループ編成では，男女混合の4人グループを基本にすることはほぼ共通ですが，編成の仕方にはいくつかの考え方があります。協同的な学びをより効果的に実現するために，それぞれの利点や欠点を考慮しながら，自分がよいと思う方法で行ってください。

ひとつの方法は，教師が学力や人間関係等を考え，多様なメンバーを入れて編成する方法です。リーダーを各グループに配置でき，援助を必要とする生徒も別々のグループに分けられるため，全体を活動させたり，学びを成立させるのに好都合でしょう。ただし，教師が編成することへの生徒の同意が必要でしょうし，担当しているクラスで，年に何回かのグループ編成を教師が行うことは一定の負担になるでしょう。

そこで一番簡単な方法は，近くに座っている4人ずつで教師がグループを作って「グループ1，グループ2…」と決めていく方法です。時間も労力もかけずに決められますから，継続させやすいですが，学びが成立しやすいグループと成立しにくいグループができる可能性があります。

「学びの共同体」づくりに取り組む学校では，座席を決めた後，近くの4人でグループを編成する場合が多く，一般的には班長を決めず，どの教科にも共通です。

しかし，私の英語の授業では，明らかに活動が成立しにくいペアやグループがある場合，生徒の同意を得た上で，「英語の時間だけ」という条件で，メンバーを替えることがあります。また，活動のまとめ役として班長を決めています。その方がすべてのグループを活動させやすいからです。班長はグループで互選させる

場合もありますし，私が指名する場合もあります。

　それ以外に，クラス全体をペアリーダーとパートナーに分けて，人間関係を把握した上で教師がペアを作り，2つのペアを組み合わせて4人グループを作る方法を採用している人もいます。

（根岸恒雄）

Q3　グループ活動を試みましたが，子どもたちが勝手な行動をしたり，一緒の活動をいやがる子どももいて，思うようにできません。よい方法はないでしょうか？

A.　グループ活動ができるかどうかは，クラス全体に協力的な学習環境が育っているかどうかの指標になると思います。ですから，様々な教科や特別活動などでの取り組みも必要でしょう。ただ，英語科や外国語活動は，言葉で人と関わり合うことが主体ですから，グループでの活動力を育てるよい機会になるはずです。最初はうまくいかない場合も多いでしょうが，ぜひあせらず，あきらめず，多様な形を取り入れることで継続していただきたいです。

　その際，グループでの競争というよりは，end product を役割分担して創造するような，グループごとのユニークな特徴が出る活動を導入して，達成感をもたせてはどうでしょうか。例えば，end product を何らかの課題のポスターにすれば，標語を考える，それを英訳する，文字をデザインする，絵を描く，作品について発表するといったことを，それぞれの得意に合わせて行うというわけです。また，子どもたちの自主性を信頼し，「協力するというのはどういうことだろう」，「またそのためには何が必要だろう」と，クラスでブレインストーミングをさせてみることも，協同学習に意識的に取り組む姿勢をもたせることにつながるのではないでしょうか。

（町田淳子）

Q4 遅れがちな生徒がいるグループでの活動がスムーズにいきません。どうすればいいでしょうか？

A. 少しくらい学習に遅れがちな生徒がいても，グループの他の生徒との関係がうまくいっていれば，なんとか一緒に活動できるものです。協同学習がもたらすメリットを折にふれて話して生徒たちに理解，努力してもらうことが正攻法でしょう。

もうひとつの方法は，グループ替えをすることです。定期的にグループ替えをすることをあらかじめ伝えておくとよいと思います。「誰とでもうまくやっていけるように努力することは大切だけれども，人間はどうしても馬が合わない場合もある。そんな時は相談してね」と言っておきます。もちろん理由が特定されない方がいい場合は，何か別の理由をつけて変更します。

関係性が問題でなく，その生徒の学力が何らかの理由で極端に振るわない場合なら，ここは教師の出番でしょう。グループ活動の際に一緒に参加してその生徒への対応の仕方を見せたり，場合によってはグループにこだわらずその生徒だけ個人指導に切り替えることも必要かもしれません。グループ活動という形式が目的ではなく，個人の力を伸ばしていくことが大切なのですから。

(沖浜真治)

Q5 グループ内で教え合うと，間違ったことを教え合うことはありませんか？

A. 人は一度授業で学んだことをすぐに覚えてしまうものでしょうか？ むしろ，そのほとんどを忘れてしまうということの方が多いのではないでしょうか。知識というのは何度も教えてもらったり，考えたりする中で定着していくと考えれば，たいていの間

違いにはやがて気づくものですし，むしろ間違いに気づく中でしっかり覚えることもあるはずです。

　もちろん，間違いは少ない方がよいでしょうから，例えばグループ活動中の生徒たちの発言をよく観察していて，理解を深めることができそうな間違いについては全体で共有して正しい考え方を確認すればよいでしょう。教師が予想しないような生徒のおもしろい(?)間違いは，けっこう役に立つものです。　　（沖浜真治）

Q6　協同学習を外国語活動や英語授業に取り入れた場合，日本語を使う機会が多くなるなどして，英語に触れる機会や雰囲気が失われるのではないでしょうか？

A.　学習指導要領では，外国語活動や英語科の主要な目的を，コミュニケーション力を育むこととしていますが，コミュニケーション力は，英語を使うことのみによって育めるものではありません。人間は何よりも母語で思考するからです。子どもたちは，英語活動につながる日本語での話し合いや作業の中で，しっかりとコミュニケーション力を育むことができます（→第2章 59〜62ページ）。また，まだ英語と出会って間もなく，英語習得に対する動機もあまり持ち合わせていない子どもにとって必要なのは，シャワーのように浴びる英語ではなく，英語を使ってみたい，もっと英語を知りたいと子ども自らが求め，必然性を感じられるような活動です。そこには，子どもの知的好奇心を引き出すような，そして人と話したくなるような内容について，母語で考えたり，感じたりする活動が欠かせません。

　外国語活動や英語の授業を通して，学ぶ楽しさを体験させ，生涯にわたって学び続ける姿勢を育むことが教育の根幹です。そこに立ち戻り，学校は円滑な人間関係を形成する訓練の場でもある

と捉えれば，英語の使用量だけに，あまりこだわらなくてもよいのではないでしょうか。

(町田淳子)

Q7 一斉授業にこだわる同僚とどう関わればよいでしょうか？

A. 対面型の一斉授業に慣れ親しんだ先生方が，協同学習の特異な授業形態に不安を持つのは当然です。私たちがしなければならないことは生徒たちの人間性と英語力を育てることであり，そのために授業を組み立てていくべきです。ですから，クラスの人間関係，学びへの意欲，到達目標の達成度が，協同学習をしても一斉授業をしても変わらないのであれば，きっとあなたの同僚も協同学習の良さを認めてはくれないでしょう。

まずは，学期の始めに何を評価するかをしっかりと同僚の先生と話し合うことです。そして合意した評価項目を達成するためにそれぞれが授業に尽力した結果，協同学習を取り入れた授業の方が効果があった場合には，同僚の先生も協同学習に興味を持ってくださるかもしれません。

一斉授業を支持する先生を否定せずに，同じ評価項目を共有した上であなたが正しいと思う授業を行ってみてください。同じゴールをめざして授業改善を切磋琢磨することこそ，協同学習の理念だと思います。

(劉　崇治)

Q8 教科書や定期試験が学年共通で，進度を統一させる必要があるのですが，それでも協同学習は可能ですか？

A. 協同学習は教育哲学とも言えますが，手法でもあるので，どんな形でも実践可能です（→第1章　2「協同学習の理念」，7ページ）。統一教材・統一進度ということは，たとえば同じ問題集，

ワークシートを使わなくてはならないかもしれませんが、その中の問題を解いたり課題を考えるときにグループで考えさせることができます。教科書本文の訳などもグループで考えさせられます。すべてをグループで考える時間をとると進度が遅れるかもしれませんから、グループ課題は一部にするのがよいかもしれません。

　グループ課題には、答え合わせのような「個人学習の協同化」のための課題と、高いレベルでの課題に挑戦する「背伸びとジャンプ」の課題があります^(→キーワード③、14ページ)。前者ならばペアかグループで答の確認などを行い、生徒から質問が出たところだけ教師が説明すれば、かえって時間短縮になります。あるいはQ9への回答にもあるように、入試問題などにグループで取り組むだけでも、様々な解き方・考え方を共有でき、生徒一人ひとりの思考を高めることもできるでしょう。

　ただ、後者のような創造的で深い学びを実現するには、何よりも教材自体の質が問われますので、統一教材の難しさは本質的にはそこにあるのだと思います。たとえば、大学の入試問題では現代の社会問題を多様に扱うなど話題自体は興味深いものも多いですが、設問は主に語法・構文・パラグラフ構成等の理解を問うものがほとんどなので、それ以上の深まりはあまり期待できません。

　そこで、自分の立場や意見を問うような課題を特別に設けることで生徒を少し揺さぶってみるのはどうでしょう。テーマ英作文のような自己表現の要素が強いものなら、創造的な取り組みが期待できそうです。そのような実践を積み重ねて、生徒たちの反応を同僚に示しながら、教材選択のあり方を少しずつ変えていく努力も大切ではないでしょうか。生徒の協同性を育てたいというのですから、教師の同僚性の構築にも一歩踏み出してみませんか？

（沖浜真治）

Q9 協同学習をしていると入試対策に影響が出ませんか？

A. 基本的には問題はありません。入試が近づくと問題集を使って過去に出題された問題を大量に解かせることがよく行われています。しかも、生徒は一人でそれらの問題を解くことを要求され、教員は解説するだけです。この教員による解説は、ひとつの解き方、考え方を一方的に提示しているだけで、生徒の思考に寄り添っていないことがしばしばあります。そのため、結局、「英語は暗記」だけの教科となってしまいます。

入試問題を「ジャンプ課題」ととらえ、協同学習を通してお互いに助け合いながら行うほうが、様々な解き方・考え方を共有でき、生徒一人ひとりの思考が高まると思います。

また、入試直前になって突然入試対策を始めるより、1年生当初からそのレベルを想定して、扱う教材のレベルを段階的に上げていくと、入試があるなしに関わらず、卒業まで協同学習のスタイルで授業は可能です。少なくとも協同学習で身に付けた学習スタイルは、たとえ個人で入試対策を行う場合でも、分からないときは人に尋ねるというストラテジーを使うことができると思います。

クラス全員で入試に立ち向かうというクラス・コミュニティとしての集団力は教員の予想をはるかに超えた力となり、卒業後もクラスの「団結力」は続きます。この経験がキャリア教育でいう「人間関係形成・社会形成能力」として生きていくものと思われます。

(竹下厚志)

□ ■ □

実践事例集

■ □ ■

- 英語授業で行う協同学習の実践事例13本を収録しています。
- タイトル部分にその活動に適した「校種・学年」や「目標技能」「所要時間」を示しています。
- 授業前の準備,授業中の手順,振り返りの順に,ワークシート例,生徒の作品例などを交えながら具体的に紹介しました。
- 数分でできる手軽な事例から,じっくり取り組むプロジェクトまで,授業スタイルや目的に合った事例を見つけることが可能です。

実践事例 ❶

Let's complete a calendar!

- ⊙校種・学年　小学校
- ⊙目標技能　交渉, 協働
- ⊙所要時間　30分

　文部科学省が配布している*Hi, friends! 2*では，12ヶ月の名称も導入しています。競争ゲームで覚える方法もありますが，ここでは，協力的にまた必然的にその名称を使い慣れていく活動を紹介しましょう。各グループで台紙に12ヶ月のカードを貼り，カレンダーを完成させますが，配られる12枚のカードは12ヶ月分揃っておらず，何枚かが重複しています。つまり，足りないカードを他のグループに探しにいかなくてはなりません。一方，誰かがグループに残って，不要なカードを他のグループに提供し，お互いにカレンダーが完成できるように協力するという活動です。

〈材料作り〉

① 　A 3 判の用紙に，右のような12ヶ月のマス目を印刷したゲーム・ボードを作る。
② 　12ヶ月のカードをグループの数だけセットで作る。(*Hi, friends! 2*巻末の絵カードを拡大コピーして使用してもよい)
③ 　メモ用紙（各グループに 4 〜 5 枚程度）
④ 　班の数だけ封筒を用意し，それぞれに12枚のカードを入れる。その際，グループ数マイナス 1 枚を抜き出す。例えば， 6 グループあれば，無作為に12枚から 5 枚を抜き，他の封筒に 1 枚ずつ入れる。そうすれば，各グループに 5 枚予測のできないカードが入る。場合によってはほとんど揃ってしまうこともあるので，配分されたものを確認しておく。人数が少ない場合はペアで行う。

ゲーム・ボード

〈準備〉

掲示用12ヶ月カード／各グループにゲーム・ボードとカードの封筒（材料作り参照）／歌のCD, CDプレーヤー／メモ用紙

〈手順〉

時間	教師の動き	子どもの動き	留意点
導入 5分	ゲーム・ボードを配付し，12ヶ月の英語表現を歌も活用して，復習。	教師の後について声を出して言う。 ゲーム・ボードの数字を指差しながら歌う。	グループのみんなが言えるよう手助けし合うよう励ます。
準備 10分	封筒とメモを配り，カードをボードの数に合わせて置くように言う。	同じカードは重ねておき，足りない月を1枚のメモに1つ書き取っておく。	
	不足分を分けてもらう表現を導入し，繰り返すように言う。担当を決め，グループで練習するよう促す。	表現を練習する。 A：Excuse me. Do you have (an Extra) June? B：Yes, here you are. A：Thank you. ／ B：No, sorry. A：Thank you anyway.	担当に関わらず，教え合って，皆が言えるよう励ます。各グループの様子を見て回り補助する。
活動 10分	探す人は，メモをもって出るように言う。 始めと終わりの合図を出す。	メモを見てカード探しを行う。入手したら着席。完成したら，"We made it!"	戻ったらカードを置き，対応している人を手伝う。
評価 5分	振り返りを促す。	どのように協力できたか振り返り，共有する。	

＊月名を覚えるだけでなく，自分にとって意味のある月を選び，それを理由とともに発表するといった自尊感情を高める活動も取り入れます。

　例）July has a meaning to me.　なぜなら……（日本語で）

(町田淳子)

実践事例 ❷

What do we need?
――ビンゴ

◉校種・学年　小学校〜大学
◉目標技能　想像，理解，会話
◉所要時間　30分〜40分

　ビンゴは簡単にできるゲームですが，導入する言葉の引き出し方によって，協力的で大変深い学びが創造できます。また，「自分たちには何が必要か」という問いは，共通の話題として，様々なテーマの中で聞くことができるので，幅広く使えます。ここでは，人権・平和教育の視点から，「人が幸せに生きるのに必要なものは何か」"What do we need to live a happy life?" という問いを考えてみます。英語表現はレベルに合わせて導入します。

〈準備〉
① 付箋紙（7×7cm程度のサイズ）
② 台紙としてA3判程度の大きさの白紙を，班に1枚
③ B4判のビンゴ・シートを班に1枚（各自用にはA4判で）

〈手順〉
(1) 目を閉じて，自分が幸せだなと思うのはどんなときか思い描く。
(2) 考えたことを班の中で順に発表し合う。
(3) 「幸せに生きるのに必要なものは何か」を考え，付箋紙1枚に1つの考えを英語か日本語で書いて台紙に貼る。一人何枚書いてもよい。同じアイディアが出ていたら，上に重ねておく。
(4) 5分ほどしたら手をとめ，班で出ている考えを見て，感じることがあれば共有する。
(5) 班の2人が隣の班に移動し，英語でその班のアイディアを聞き，自分の班になかったものがあれば，付箋紙にメモして持つ。
(6) 次の班に移動して同様にする。

(7) 付箋紙を自分の班に持ち帰って台紙に追加する。
(8) 集まったアイディアから,特に必要だと思うものを班で話し合って選び,ビンゴシートの空欄を埋める。
(9) 全体でビンゴをする。ジャンケンで順番を決め,各班から2人が立ち,班のビンゴがたくさん取れるよう工夫しながら下記のように対話をして,キーワードを指定する。

　　A : What do we need (to live a happy life)?
　　B : We need family.

(10) 発表されたキーワードに印をつける。
(11) すべての班のビンゴが1つ以上取れたら終了。

BINGO！〈What do we need to live a happy life?〉			
love	justice	rest	nature
hope	family	家*	friend
experience	自由*	enough food	safety
play	peace	clothes	books

Group name : _____

ビンゴシート記入例(*小学校ならこのように日本語でも可)

〈振り返り〉

活動を通して感じたこと,気がついたことをクラス全体で共有します。時間があれば,A4判サイズのビンゴ・シートに各自の記録として記入しておくとよいでしょう。

このブレインストーミングは,例えば,ブータンの国民総幸福量について学んだり,「子どもの権利条約」を学ぶ導入にするなど,さらに学びを深めることができます。

(町田淳子)

実践事例 ❸

人間コピー機

⊙校種・学年　小学校〜大学
⊙目標技能　会話，チームづくり
⊙所要時間　5〜7分

　新しく班を編成した際にこの「人間コピー機」の活動を行えばグループでの学習や様々な班活動をスムーズに行えるようになります。とてもシンプルですし，チーム・ビルディングに使える実践です。

　この活動のメリットは，イラストの内容を伝えるために必ず班のメンバーに英語で話さなければならないという状況を作れることです。「何かをテーマに話し合いなさい」という指示を出しても，初めて話をするメンバーもいるわけですから，最初から気兼ねなく話し合えるわけではありません。この活動を行うことで，普段はあまり話すことのなかった人とも交流することができます。

〈準備物〉

① 線画のイラスト1枚（できるだけシンプルで面白いもの）
② A3判サイズ程度の白紙（グループの数）
③ マグネット，セロテープ，フェルトペン
　＊マグネット付きのミニ・ホワイトボードがあれば②③は不要。

〈手順〉

(1) 生徒から見えないように，教卓や廊下にイラストを置く。
(2) 各グループに白紙の用紙1枚（ないしホワイトボード）を配る。
(3) 各グループが「人間コピー機」になり，イラストをそっくり写しとることを伝える。
(4) イラストを描く生徒は1〜2名，それ以外の人は絵の情報を英語で伝えるメッセンジャーになる。
(5) イラストを見ることができるのは各グループで1回1人ずつ。

(6) イラストの内容を英語で伝え,それに従って鉛筆で絵を描いていく。5分程度の制限時間内に何回イラストを見に行ってもよい。事前にこの活動で使える基本表現を提示しておいてもよい。
(7) 制限時間終了後,各イラストをフェルトペンでなぞってから前に貼り,どの作品がもっとも見本に似ているかをクラスで決定する。
(8) 最優秀作品のグループにクラス全体で拍手を送り,ポイントを与える。

もとのイラスト(左)と生徒の作品(右)

〈振り返り〉
　活動の最後にはグループでの振り返りを行います。ここでは,振り返りシートを各班に配布して,班活動を円滑に行うために何が必要だったのかを考えさせたり,誰が,どのように班活動に貢献していたのかを振り返らせます。この活動でたとえ貢献できていなくても,次の班活動に貢献できるような手立てとなるように気づかせておくことがポイントです。また,正確に伝えるための適切な話し方,伝え方についても考えさせます。

(船津真理)

実践事例 ④

We Love Peace プロジェクト

- ⊙校種・学年　小学校～大学
- ⊙目標技能　関心，意欲，態度
- ⊙所要時間　4～5時間

　長崎，広島への修学旅行や校外学習は，平和学習にとって貴重な機会です。この機会を利用して，平和に関連する施設を訪れている外国人に対して，平和の大切さを伝える活動を，協同学習で取り組んでみましょう。また，実際に長崎や広島に行かなくても，社会科や総合的な学習の時間などでの平和学習と関連させて，地域の外国人や外国人観光客，留学生などに行うことも可能です。

〈準備〉

① 平和学習…活動を行う前に，社会科や特別活動，総合的な学習の時間などで平和の大切さや戦争の悲惨さなどについての計画的な平和学習を実施する。次の段階には，外国語活動や英語科に関連させて，日本に訪れたり，住んでいる外国人に英語を使って平和を広げる活動も組み入れることを提示しておく。

② 平和カードの作成…活動を行った際にプレゼントする「平和のメッセージカード」（図1）を作成しておく。

図1　平和のメッセージカード

〈手順〉

(1) 教師がデモンストレーションを行って活動のモデルを示す。
(2) 平和を広げる活動に使う英語の語彙や表現を意味も含めて提示し確認する。
(3) 4人か3人の小グループをつくり，どの英語表現を言うかの役割分担をさせる（次の英文参照）。

> Hello. We are from Fuzoku Elementary School in Wakayama. May we have your time, please? We love peace. We think you love peace. This is a present for you. Thank you very much.

(4) チャンツで英語表現をリピーティングする。パソコンに音声データを保存しておきリピーティングやシャドウイングを行うこともできる。
(5) 小グループごとにビデオに録画する。少し緊張感をもって英語を話す練習にもなる。
(6) 教師が外国人の役割を演じて,事前練習をする。
(7) 実際に現地で活動を行う。今回は,修学旅行での平和学習で長崎を訪れて活動を行った(図2,3)。原爆資料館で原爆の凄惨さを感じ取り,爆心地公園で平和を誓う式も行った。

〈振り返り〉

協同学習では,振り返りが欠かせません。多様な振り返りが考えられますが,本実践では保護者の方も参加して行い,帰ってきてからプロジェクト実施の画像を子どもたちと保護者が一緒に見ながら,成果を感じ取ってもらいました。このようにすると,家族から賞賛が得られるなど関心・意欲・態度の育成に効果が期待できます。

図2　長崎平和公園での活動　　図3　原爆資料館での活動

(辻　伸幸)

実践事例 ❺

MISSION! 暗号を解読せよ!!

- ⦿校種・学年　中学校1〜2年
- ⦿目標技能　読解，自己表現
- ⦿所要時間　20〜25分

　ある英文を数字と記号だけで書き表しています。これだけでは何を表しているのかわかりません。そこでヒントカードを3枚用意し，それぞれの数字や記号がどのアルファベットに対応しているのか，グループで辞書を活用しながら謎を解いていきます。ヒントカードは1から順番に各グループに1枚ずつ配ります（ヒントカードの例は226ページ参照）。「ヒントカード1」では8⇒e，；⇒t，4⇒hという答えがわかります。「ヒントカード1」の英文の意味がどのグループもだいたい理解できてきたら，「ヒントカード2」を配ります。「ヒントカード2」では，（⇒r，5⇒a，）⇒s，？⇒uという答えであることがわかります。最後に「ヒントカード3」を配ります。最後は，/⇒k，6⇒i，＊⇒n，3⇒gということがわかります。！の記号だけが何のヒントもないのですが，ここまで解読できていれば，！⇒dであることに気づくことができます。

　最後は振り返りのシートを一人ずつに配ります。グループで解読した記号をあてはめ，尋ねられていることに英語で答え，さらに自

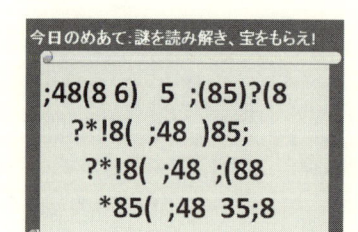

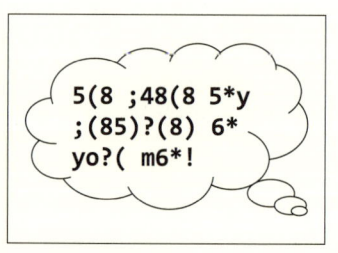

図　暗号シートの例（右は振り返り用）

分の宝物について英文を書き加えるようにします。

〈準備〉
① 暗号シート（各グループに1枚）
② 英和辞書，和英辞書（各グループに各1冊）
③ ヒントカード1，2，3（各グループに1枚）
④ 振り返りシート（一人に1枚）（最後の質問は振り返りシートに書いておいてもよい）

〈手順〉
(1) 暗号シートと英和辞書を配る。
(2) 暗号の解読にはヒントカードの英文を理解しなければならないことを伝える。
(3) ヒントカード1を配り，活動の様子に応じてヒントカード2，3と順番に配る。
(4) 宝物のありかがわかれば，振り返りシートを配り，わかった記号をあてはめて質問を書き，答えと，さらに英文を書き加えるよう指示する。
(5) 自分の宝物について発表する。
(6) 一番早くできた班にクラス全体で拍手を送り，宝物またはポイントを与える。

〈振り返り〉
　活動の最後にはグループでの振り返りを行います。まずグループでの学習が個人の学習につながることができたかを確認するため，「今日の活動を通して，文法や単語についてわかったことや覚えたこと」，「There構文についてわかったこと」を書かせることが大切です。紙面の都合上，振り返りシート全体を記載することは省きますが，「グループでどのような協力をすることができたか」などについても書かせるようにします。

〈ヒントカード1〉

First, there are many English words with the letter 'e' in English.
Next, there are many uses of the word 'the' in English.
　Which is the symbol for 'e'?
　Which are the three symbols for 'the'?
Now, you know the symbols for 'e', 't', and 'h'.

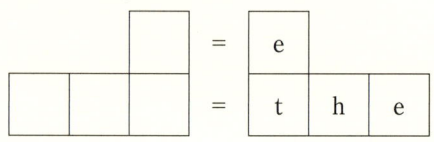

			=	e	
			=	t	h	e

〈ヒントカード2〉

Here's another hint. I wrote the word 'treasure' in the message.
　Can you find that word?
Now, you can read 'r', 'a', 's', and 'u', too.

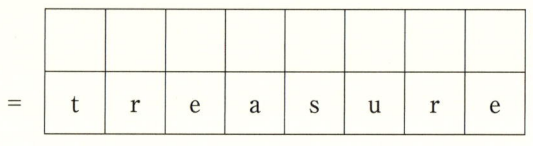

=	t	r	e	a	s	u	r	e

〈ヒントカード3〉

The last hint. I am King. I am /6*3.
Now you can read 'i', 'n', and 'g'.
Who read the message? Who can find the treasure?

				=	K	i	n	g

(船津真理)

実践事例 ❻

ジグソーで物語を作ろう！

⊙校種・学年　中学校全学年
⊙目標技能　読解，作文
⊙所要時間　50分×2回

　改訂に伴って使われなくなった古い教科書の英文は，生徒にとって初めて触れる新鮮な教材になります。教科書は教材のレベルが高すぎず，低すぎず，少し手を加えることで扱いやすいと思います。また，様々なレベルの物語を準備しておくと，どの学年にも対応できます。以下の実践で用いたのは300語弱の読み物教材です。未習の文法事項（接続詞のwhenなど）もありましたが，ジグソーの形態を取り入れることにより，生徒は全員，見事に物語の内容を読み取りました。物語は，「ある日の夜，ピートの前に6人のオレンジ色に輝く宇宙人が，親交の印として贈り物をもってやってきました。怖くなったピートは動くことも，声を出すこともできずにいると，宇宙人たちは自分たちとは親しくしたくないのだと思い，贈り物を持って引き返していきました。彼らが去った後，動けるようになったピートは家族や隣近所を起こして回りました。起きてきたみんなが『ピート，どうしたの？　何があったの？』と尋ねました。」という内容です。内容を確認した後，個人やグループでその後の結末を考え，英語で表現する活動を行いました。物語の結末を自分で考えるという活動は生徒が喜んで取り組みます。グループの中で自然と聞き合ったり，教え合ったりする雰囲気が生まれ，予想もしなかった結末が出来上がりました。

〈準備〉
① 物語の英文を数文ずつに短く切り，短冊状にした束（各グループに一束）

② 英和辞書,和英辞書(各グループに各1～2冊)
③ 物語を4つのパートに分けたハンドアウト(一人に1枚)
④ 振り返りシート(一人に1枚)
⑤ A3判程度の白紙(グループの数)
⑥ できた結末を黒板に貼るためのマグネットやセロテープ
　＊マグネット付きのミニ・ホワイトボードがあれば⑤⑥は不要。

〈手順(第1時)〉
(1) 英文の短冊一束を各グループに配り,物語をCDなどで聞き取らせながら,ストーリー通りに短冊を並べさせる。
(2) 短冊の並べ替えで物語の流れを確認した後,4つのパートに分けたハンドアウトを一人に1枚ずつ配る。
(3) ホームグループでパートを分け,パートごとにエキスパートグループに集まる。各グループに英和辞書を配り,読解させる。
(4) エキスパートグループでの読解ができてから,ホームグループに戻り,それぞれのパートの内容を伝える。
(5) 物語の内容について英語でQ&Aを行い,学習の振り返りをする。

〈手順(第2時)〉
(1) 第1時の物語の内容をQ&Aで確認する。
(2) 物語の結末を個人で考える。(ここでは日本語でもよい)
(3) 個人で考えた結末をグループ内で出し合い,一番面白いと思う要素を組み合わせて,グループで結末を決める。
(4) 決定した結末をグループで英作文するよう指示し,各グループに和英辞書を配る。
(5) できた結末を発表し,学習の振り返りをする。

〈振り返り〉
　それぞれの活動の最後には個人の振り返りを行います。第1時では「英文を訳すコツ」,第2時では「英作文のコツ」を書かせます。

学び合いの中でつかめたコツは生徒の記憶に残るからです。

　教師がクドクドと説明をするより，はるかに定着率が高いです。下の生徒作品に見られるように，辞書を活用させることで受動態を使った英文を作ることもできました。

- 'Why are you orange, Pete?' everyone asked. Pete became an orange man !
- When Pete answered, they looked up the sky. They found the spaceship. Six orange men came back ! They attacked the people ! It was an opening of star wars.
- Then the spaceship came out. Orange men destroyed the earth.
- But Pete could not answer because his family, the neighbors and everyone were orange men !
- But six orange men came back and they gave him the gifts again. The gifts were very wonderful and expensive. Pete became rich.
- Pete talked about the spaceship and they went home. Orange men appeared with peach men, apple men and grape men in his house.
- And six orange men returned to revenge Pete. He ran away but orange men were very strong. He was caught by them and taken to orange men's planet.
- Pete talked about six little orange men. But everyone said to him, 'You are a liar.' Everyone in his town said, 'Don't be a liar like Pete.'
- Pete didn't answer. So everyone went back home. A few days later, when Pete and his family were eating some oranges, they were very surprised. Because some oranges turned orange men and orange men killed Pete and his family.
- Pete talked about orange men and he went to orange men's planet. He started to live with orange men.

生徒作品より（原文のまま）

（船津真理）

実践事例 ❼

英単語しりとりゲーム
(English word-chain game)

- ⊙校種・学年　中学校～大学
- ⊙目標技能　語彙, チームづくり
- ⊙所要時間　5分

　前の人が書いた英単語の最後の文字から始まる単語を次々に書いていき（例 pen→note→easy），3分程度の制限時間内に，どれほど多くの単語が書けたかを競います。新しくグループを組んだ直後などにこのゲームを行えば，メンバー間の人間関係が良好になり，英単語の定着を促進することができます。活動はとてもシンプルで，特別な準備はいりませんが，大いに盛り上がります。

〈準備〉

　黒板（ホワイトボード）と，班の数のチョーク（マーカー）。各班に1枚ずつ紙を渡し，そこに書いてもらってもよい。

〈手順〉

(1) 黒板に縦線を入れて班の数で区分けし，上方に班の番号（名前）を書く。教室の側面に模造紙を貼ってもよい。

(2) 区分けされた場所の前に，班ごとに縦に整列させる。

(3) 制限時間（3分程度）を伝え，ルールを説明する。まず，教師がアルファベット1文字を指定し，スタートする。

(4) 先頭の生徒は指定された文字で始まる単語を書く。書けるのは辞書に載っている単語で，ing形，過去形，複数形などもOKだが，同じ単語は1度だけ。書いたら最後尾に移動する。

(5) 次の人は，前の人が書いた単語の最後の文字から始まる単語を書く。5秒以上書けなければ，班の人が教えたり，教科書などを見てもよい。「遅い！」などと非難すると失格とする。

(6) 終了とともに，スペルミスや重複をチェックし，もっとも多くの単語を書いたチームに全員で拍手を送る。

（江利川春雄）

実践事例 ⑧
風が吹けば桶屋がもうかる

- ⦿校種・学年　中学校～大学
- ⦿目標技能　想像，創造，協働
- ⦿所要時間　45分

「風が吹けば桶屋がもうかる」ということわざは，「何かが起きてから全く関係のないところで想像もしなかったことに影響が及ぶ」ということのたとえですが，これを利用して，グループでストーリーを創作しようという活動です。このことわざにあてはまるよう，全く無関係な事柄を2つ提示し，課題とします。

例)
> *A meteor fell on Sahara, The Great Desert.*
> *So, there came peace in the Korean Peninsula.*

つまり，「サハラ砂漠に隕石が落ちると朝鮮半島に平和がくる」などという，わけのわからない話に筋道を与える活動ですが，グループで創造力や想像力を駆使し，協力して行います。何とかして隣国の人々が平和な暮らしを取り戻してほしいと願って，このような例を考えてみました。まずこの課題を出すところから，生徒たちにアイディアを考えさせてもいいですね。ただ，その場合も全部のグループが同じ課題に取り組むことで，それぞれ異なる展開の比較を楽しみたいと思います。

出来上がったストーリーを発表し合った後，全員の投票で次のような賞を出し，グループの達成感を高めましょう。

> The prize for: the most incredible idea / the funniest idea / the shortest idea / the longest idea / the most peaceful idea / the most ridiculous idea, etc.

〈準備〉

① 付箋紙（7×7cm程度）
② 各グループにホワイトボード・フィルム／イレーサー／マーカー
③ 表彰状

〈手順〉

時間	教師の動き	生徒の動き	留意点
導入 5分	ことわざに触れて，活動の仕方を解説する。	付箋紙，フィルム，マーカー等を受け取りにいく。	まず，このことわざの意味を問いかける。
活動 20分	5分経ったら知らせ，一端手を止めて，出されたアイディアに全員で目を通すように言う。	2つの文章をつなぐことができそうな事象を個々にどんどんメモに書き出し，フィルムの上に置く。	どんなアイディアでもよいので，続けて起こりそうなことを数多く出し合う。
		出されたアイディアを見ながら，グループで話し合う。決まった文章をフィルムに書き，流れを作る。発表の練習をする。	終わったら，発表の担当を決め，自分の分担をメモしておく。
発表 10分	各グループの発表を促す。	発表では，フィルムを黒板に貼り，一人ひとつの文章を読み上げる。	全員が前に出て発表。雰囲気を盛り上げる。
評価 5分	各賞ごとに，グループ名をあげ，挙手によって授賞グループを決めてもらう。	各賞にふさわしいグループを考え，そのつど挙手をして全員の考えを表明する。	同率の場合は，推薦理由を出し合い，再度挙手する。
表彰 5分	表彰状を読み上げ授与し，感想を添える。	各授賞に対し，拍手で讃える。	最後に全体の振り返りを行う。

（町田淳子）

実践事例 ⑨

英語でどう言うの？

⊙校種・学年　中学校〜大学
⊙目標技能　会話，聴解
⊙所要時間　1〜5分

　中学校でよく行われている"Who am I?"の応用です。"Who am I?"は，例えば以下のように5つのヒントを出して，それが何かを当てるゲームです。

1. This is an animal.
2. It lives with its family.
3. You can see it in the zoo.
4. It lives in Africa and India.
5. It has a long nose.

　答えは，an elephantとなります。この手法は，話す側は相手にできるだけわかりやすく理解してもらえる英語を考え，聴く側は話された英語を統合することによって意味を構築していくトレーニングとして役立ちます。

〈準備〉
　なし

〈手順〉
(1) 4人グループを作り，全員起立する。
(2) グループ内の1人だけ黒板とは反対方向を向く。
(3) 教師が黒板に日本語で，ある四字熟語や格言などを書く。
(4) 他の3人は黒板に書かれた日本語を見て，黒板と反対方向に向いていた生徒に1人1文の英語で順番に説明していく。答えが出ないときは2巡目に入り，同じようにヒントを出していく。
(5) 答えが出たら全員が座る。

〈例〉

● **遠距離恋愛**
1. This is real love.
2. I hate this love.
3. You can sometimes see the scene in a TV program.
4. The couple doesn't live together, so they can't go to see each other soon.
5. The couple has to love each other by calling or e-mailing.

● **四面楚歌**
1. You are alone.
2. You need Superman who helps you.
3. Everyone is your enemies.
4. You feel hopeless.
5. You have to fight against them by yourself.

● **オタク**（＊"geek"は直接的なので使用禁止）
1. They are proud of themselves.
2. They are friends with each other.
3. They always stay at home.
4. They like dolls.
5. This is a Japanese culture.

● **虎穴に入らずんば虎子を得ず**
1. Don't stay at home.
2. You should be brave.
3. If you want a girlfriend, go to see her.
4. You have to go to a dangerous area.
5. You can get a treasure if you take a risk.

この活動は、本文のサマリー活動で行うパラフレーズや、実際の会話で、ある単語が思い出せないときに使うコミュニケーション・ストラテジーを育成するのに役立ちます。

(竹下厚志)

実践事例 ❿

Comic Strip
(コマ漫画)

- ⊙校種・学年　中学校〜大学
- ⊙目標技能　作文,創造
- ⊙所要時間　15分〜

　いわゆるcomic strip（コマ漫画）作成の活動です。ストーリーの構成と展開，各コマでの場面設定，オチなど，グループで話し合い，グループのメンバー全員がそれぞれに割り当てられたコマを作成することで責任を果たします。コマ作成にあたっては，イラストとともにその場面を説明する英文，セリフなどを創作します。英文を作成する際，互いの作業を確認したり，相談したりするコミュニケーション活動が起こります。それぞれのコマを組み合わせ，全員でひとつの作品を完成させることにより，達成感や満足感を味わうことができます。完成した作品を，書画カメラやパワーポイントを使って「デジタル紙芝居」にし，クラス全体に発表して，互いの作品を鑑賞するのも楽しいでしょう。ストーリー構成の条件を設定すると，さまざまなバリエーションを与えることも可能です。

〈準備〉

①コマ漫画作成シート（イラストと英文を書くためのもの）

　大きさは，発表形式による。考えられる発表形式としては，a）マグネットでボードに貼りつける，b）書画カメラでプロジェクターに映す，c）PCに取り込み,パワーポイントで発表する，などがある。

　デジタル化するのであれば，②書画カメラ，③デジタルカメラ，④PC（パワーポイント），⑤プロジェクター，などを用意する。

〈手順〉

(1) 各グループにコマ漫画作成シートを配り,活動の内容を説明する。

(2) テーマ，場面や登場人物など，条件を設定する。使用しなければならないイディオムや構文，決まり文句や慣用表現等を設定してもよい。

(3) グループでストーリーの構成，展開について話し合う。

(4) 各コマの場面設定をし，誰がどのコマを担当するかを決める。

(5) 各自，自分の担当のコマを作成する。場面設定に合ったイラストと英文を作成する。どちらを先に完成させてもよい。

＊イラストを描くのが苦手な生徒は，得意な生徒に描いてもらってもよい。

(6) 全員のコマが完成したら，順に並べてストーリー展開や英文の流れがスムーズになっているか，イラストと合っているかどうかをグループで確認する。

(7) 作品完成。（発表する。）

(8) イラストをデジタルカメラで撮影し，PCに取り込む。

(9) 取り込んだ画像を用い，パワーポイントでスライドを作成し発表する。

〈その他のバリエーション〉

グループの人数に合わせてコマ数を決めるとよい。教科書の内容を要約したものや，童話や昔話などを紙芝居（あるいはパワーポイントを使ってデジタル紙芝居）に発展させることもできる。　　（田中智恵）

1) Let's go girl hunting!

2) Hi, would you like to talk with me over a cup of tea?

3) Me?

4) I'm sorry. I mistook you for a girl!!!!

図　"Surprise"をテーマにした高校生の作品

| 実践事例 ⑪ |

STORY TIME
怖ーい話づくり

- ⦿校種・学年　中学校〜大学
- ⦿目標技能　会話，作文
- ⦿所要時間　50分×2〜3回

　小さいころ,「ある時〜に…がいました。」「そしたら…しました。」「そしたら…しました。」という感じで順番に話をつないでいって,勝手にお話をつくりあげる遊びをやりませんでしたか？　その英語版をやってみようというのがこれです。同じ手法で怖い話だけでなく，いろいろなテーマでお話はつくれます。

〈準備〉

① 導入となる簡単な怖い話のプリント（あらすじの絵がついたものだとよいが，なければ自分で描く）
② 全員分の記録用紙（ただの白紙でもよい）
③ グループ分の画用紙，色ペンセット

〈手順（第1時）〉

(1) イメージを広げる怖い話を読ませる…ALTが音読（虫食いプリントにしておいて聞きながら埋めさせるのもよい）。／意味がわからない単語について質問させる。／順番を変えてあるコマ絵に正しい順番をつけさせる（グループ活動）。
(2) グループごとの怖い話づくり…説明したら最初にALTと即興で話をつないでいって見本をみせる。
　　グループ作業開始…前の人の英文を受けて，一人1文即興で英文を言ってつないでいく（記録係は記録していく）。
　＊最初はどうまとめるかは気にしないで，とにかく話をつないでいかせる。
　＊記録（英文）は全員がとるのではなく一人にさせた方が早くす

すむ（完成したら他の生徒にも写させればよい）。

〈手順（第2時）〉

(1) 物語と作品の完成…話の結末を考えさせ，それに合わせて若干途中をアレンジして全体を完成させる。／画用紙に英文を書き写し，挿絵を描かせる。
(2) 各グループから発表（第3時にまわすのもよい）。

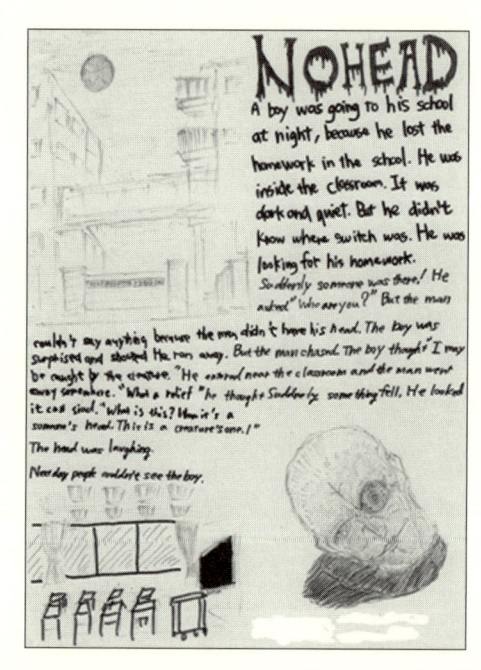

生徒の作品例

〈振り返り〉

　事前に宣言しておいて，できあがった作品は廊下に貼りだしましょう。できれば一人2～3枚のシールを渡して自分のグループ以外の気に入ったものに貼って投票させ，優秀グループを表彰すると盛り上がります。

(沖浜真治)

実践事例⑫ 英語学習についての振り返り

- ⊙校種・学年　高校1～3年
- ⊙目標技能　会話，聴解，作文，思考
- ⊙所要時間　40分

　高校生はそれまでの学習体験から，英語に対して好きな感情や嫌いな感情，得意や不得意な思いを抱いて入学します。英語がなかなか聞き取れないことや高校で学ぶ語彙や英文量に圧倒されて英語が嫌いになることがあります。一方，自分の英語が伝わった時に喜びを感じたり，仲間と共に課題に取り組むことで授業に積極的になることもあります。英語学習に意義を見出し，学習スタイルを身に付けることができた生徒は，自ら学習を進めていくようになります。

　この活動で，学習者は入学時（学年当初）を振り返り，1年間共に学んできた仲間と以前と現在の自分を共有します。そして，一人ひとりが卒業後（次年度）の英語を学ぶ意義を考え，文章化します。

〈準備〉
　入学時（学年当初）実施した英語学習に関するアンケート結果のグラフ／グループ用ホワイトボードとホワイトボードペン

［グラフ（例1）］

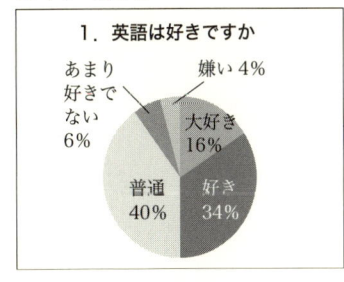

1．英語は好きですか
- 大好き 16%
- 好き 34%
- 普通 40%
- あまり好きでない 6%
- 嫌い 4%

［グラフ（例2）］

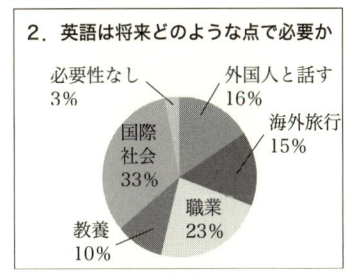

2．英語は将来どのような点で必要か
- 外国人と話す 16%
- 海外旅行 15%
- 職業 23%
- 教養 10%
- 国際社会 33%
- 必要性なし 3%

実践事例集 —— 239

〈手順〉

教師の動き	生徒の動き	留意点
グラフ（例1参照）を提示，英語で説明		ペアで話す時のキーワードを使う
	入学時（学年当初）の英語学習に対する気持ちを現在と比較し，その理由についてペアで話す	
何人かの生徒に，ペアについて質問	自分のペアの英語学習に対する学年当初と現在の気持を話す	本人に内容を確認し，必要に応じてパラフレーズをする
グラフ（例2参照）を提示し英語で説明		グループで話す時のキーワードを使う
グループで，英語を学習する理由について話し合うように指示	各グループで話し合い，グループの意見をホワイトボードに書く	各グループにホワイトボードとペンを配布し，机間巡視
グループ毎に意見を発表するように指示	代表がグループの意見を発表	必要があればパラフレーズをする
英語を学ぶ意味を書くように指示	一人ひとりが英語を学ぶ理由や目的を書く	各グループのホワイトボードを黒板に掲示

・**生徒作文例**

① I think English is an essential subject. Companies require us to speak English because they have to communicate with foreign people. We live in a global society. Speaking English is necessary to get a job.

② When I was in the first grade, I didn't think English is necessary. I thought I needed to study it for tests. But now world is changing. I need to study English.

（村上ひろ子）

実践事例 ⑬

もし無人島に行くならば

- ⊙校種・学年　中学校3年〜大学
- ⊙目標技能　会話，立論
- ⊙所要時間　50分×3〜4回

　中学校3年間の英語学習の集大成として，ディベートをやってみませんか。もちろんディベートをするためには，それまでに大量の英作文の練習とスピーキング練習が必要であることは言うまでもありません。しかし，一人では取り組めない難しい課題にチャレンジし，達成する醍醐味を生徒も教師も味わうことができる，やりがいのある活動だと思います。

〈手順〉

【第1時】
・4〜5人ずつのグループをつくり，「もし無人島に連れていかれて生き延びなければならないとするならば，何を持って行きますか？」という問いに対して，5つのアイテムをグループで考えさせる。また，それぞれのアイテムを持って行く理由をできるだけたくさん挙げ，英語で表現する。

【第2時】
・前回のアイテムリストを全体でシェアし，他グループのアイテムを見て，予想される反論をできるだけたくさん日本語で書く。

【第3時】
・前回他グループから出た反論にどう答えるかを，グループで相談して英文で表現する。
・クラス内で模擬ディベートを行う。

【第4時〜ディベート当日】
(1) 2クラス合同で授業を行い，クラス対抗ディベートを行う。

(2) 代表がじゃんけんをし，勝った方からアイテムを選ぶ。
  ・教師が "Choose one item." と言ったら "a knife." といった具合に言わせる。
(3) それぞれが3つずつ選んだら作戦タイムを3分間とり，その間に相手のアイテムについての反駁を英語で考えさせる。
  ・できるだけ全員が発言できるように割り振る。
  ・即興で言えない人は，準備した部分だけでも発言するように促す。
(4) 本番は5分間。最初のじゃんけんで負けた方から発言する。
  ・始めは "Why do you bring～?" や "I think ○○ isn't necessary because～." で始めるとスムーズ。
  ・ひとつのアイテムにこだわりすぎないこと。2，3回言い合ったら次のアイテムに話題を変える。
  ・相談のときは日本語を使ってもいいが，相手に聞こえるような日本語は使わないこと。
  ・沈黙しそうになったら，次のアイテムに話題を変えること。

【アイテムリスト例】
1．a lighter
  ➢ You can burn soon.
    ✓ If it rains?
      ✧ Fire will go out, but you can burn soon.
2．a pot
    ✓ You can have sea water and we can make clean water.
    ✓ You can make a lot of food.
    ✓ It is very useful because you can cook fish and make water.
    ✓ When you want to make salt, you can use it.
    ✓ You can use it to cook.
    ✓ You can carry a lot of water.

ディベート当日にはALTの友人たちをゲストティーチャーとして招き，ジャッジになってもらいました。ネイティヴの前で自分たちの英語が通じた喜びは，その後の英語学習のモチベーションを高めたようです。

(劉　崇治)

主要参考文献

＊掲載順序は和洋の文献を区別せず，著者の姓のアルファベット順．

【A】
阿川敏江 (2007).「協同学習を用いた大学授業：自立した学習者の育成を目指して」『恵泉女学園大学紀要』19, 45-64.
荒瀬克己 (2007).『奇跡と呼ばれた学校』朝日新聞出版.

【B】
Barkley, E. F., Cross, K. P., & Major, C. H. (2005). *Collaborative Learning Techniques: A Handbook for College Faculty*.〔安永悟（監訳）(2009).『協同学習の技法：大学教育の手引き』ナカニシヤ出版.〕
ベネッセ教育研究開発センター (2009).『第1回 中学校英語に関する基本調査（生徒調査）』（電子版）benesse.jp/berd/center/open/report/chu_eigo/seito_soku/soku_06.html（2012年9月10日検索）

【C】
Chamot, A. U. & O'Malley, J. M. (1994). *The CALLA Handbook: Implementing the Cognitive Academic Language Learning Approach*. Reading, MA: Addison-Wesley.
Cook, V. (1999). Going Beyond the Native Speaker in Language Teaching. *TESOL Quarterly*, 33, 185-209.
Coyle, D., Hood, P., & Marsh, D. (2010). *CLIL: Content and Language Integrated Learning*. Cambridge: Cambridge University Press.

【D】
Department of Education and Early Childhood Development Victoria Australia. (2010). *The languages in Victorian government school report*.

【E】
江利川春雄 (2009).『英語教育のポリティクス：競争から協同へ』三友社出版.
江利川春雄 (2010a).「英語教育に"なぜ""どう"協同学習を導入するのか」『英語教育』7月号（特集「協同学習でよみがえる英語授業」）大修館書店.
江利川春雄 (2010b).「協同学習」『英語教育』10月増刊号，大修館書店.

江利川春雄 (2011).『受験英語と日本人:入試問題と参考書からみる英語学習史』研究社.

江利川春雄 (2012).「『国際共通語としての英語力向上のための5つの提言』と World Englishes」『新英語教育』1月号, 三友社出版

【F】

福田誠治 (2006).『競争やめたら学力世界一:フィンランド教育の成功』朝日新聞社.

福田誠治 (2007).『競争しても学力行き止まり:イギリス教育の失敗とフィンランドの成功』朝日新聞社.

古庄高 (2011).「『話し合い学習』学生に意欲:ルールに沿って予習・議論」『日本経済新聞』2012年10月10日付.

伏野久美子 (2007).「協同学習の基本原理と主要な実践方法」『新英語教育』5月号, 19-21. 三友社出版.

【G】

Gardner, H. (1983). *Frames of Mind: The Theory of Multiple Intelligences.* New York: Basis Books.

Gardner, H. (1999). *Intelligence Reframed: Multiple Intelligences for the 21st Century.* New York: Basic Books.〔松村暢隆 (訳) (2001).『MI:個性を生かす多重知能の理論』新曜社〕

Ghaith, G. M. (2002). The Relationship Between Cooperative Learning, Perception of Social Support, and Academic Achievement. *System*, 30, 263-273.

Ghaith, G. M. (2003). Effects on the Learning Together Model of Cooperative Learning on English as a Foreign Language Reading Achievement, Academic Self-esteem, and Feelings of Alienation. *Bilingual Research Journal*, 27(3), 451-473.

Ghaith, G. M. & Yaghi, H. M. (1998). Effect of Cooperative Learning on the Acquisition of Second Language Rules and Mechanics. *System*, 26, 223-234.

Globe International Teachers Circle (2005).『新テーマで学ぼう国際理解教育』ベルワークス

【H】

林桂子 (2006).「多重知能理論の視点から考える協同学習によるライティング指導」『広島女学院大学英語英米文学研究』14, 165-191.

林桂子 (2011).『MI理論を応用した新英語指導法:個性を尊重し理解を深めあう協同学習』くろしお出版.

広島県立安西高等学校 (2011).「安西の学び」(PDFファイル) http://www.yasunishi-h.hiroshima-c.ed.jp/ (2012年1月14日検索)

【 I 】

井田英子 (2007). 「"英語で発表してみよう" プロジェクト:協同学習型グループワークの理論と実践」『和泉短期大学研究紀要』27, 67-77.

池岡慎 (1999). 「高等学校の学力差が著しいクラスにおける英語読解指導に関する一考察:Cooperative Learning に焦点をあてて」『英語教育研究』42.

稲岡章代 (2007). 「学習意欲を喚起させる協同学習」*TEACHING ENGLISH NOW 8*.

今井康人 (2009). 『英語力が飛躍するレッスン』青灯社.

今井康人 (2011). 『英語を自動化するトレーニング』アルク.

岩本泰則 (2010). 『「学びの共同体」をめざして:公立中学校での学校改革』一莖書房.

【 J 】

Jacob, E., Rottenberg, L., Patrick, S., & Wheelwe, E. (1996). Cooperative Learning: Context and Opportunities for Acquiring Academic English. *TESOL Quarterly*, 30, 253-281.

Jacobs, G. M., Power, M. A., & Inn, L. W. (2002). *The Teacher's Sourcebook for Cooperative Learning.* Crown Press〔伏野久美子・木村晴美 (訳) (2005)『先生のためのアイディアブック:協同学習の基本原則とテクニック』日本協同教育学会〕

Jalilifar, A. (2010). The Effect of Cooperative Learning Techniques on College Students' Reading Comprehension. *System*, 38, 96-108.

Johnson, D. W., Johnson R. T., & Smith, K. A.(1991). *Active Learning: Cooperation in the College Classroom.* Minnesota: Interaction Book.〔関田一彦 (監訳) (2001).『学生参加型の大学授業:協同学習への実践ガイド』玉川大学出版.〕

Johnson, D., Johnson, R., & Holubec, E. (2002). *Circles of Learning: Cooperation in the Classroom* (5th Ed.). Minnesota: Interaction Book.〔石田裕久・梅原巳代子 (訳) (1998, 2010). 『学習の輪:学び合いの協同教育入門 (改訂新版)』二瓶社.〕

Johnson, D., Johnson, R., & Holubec, E. (1994). *Cooperative Learning in the Classroom.* Alexandria, VA: Association for Supervision and Curriculum Development.

【 K 】

開発教育協会 (2010). 『写真で学ぼう!「世界の食卓」学習プラン10』開発教育協会.

亀田達也 (2000). 「協同行為と相互作用：構造的視点による検討」植田一博・岡田猛 (編). 『協同の知を探る：創造的コラボレーションの認知科学』共立出版, 50-77.

柏村みね子・田中渡 (2011). 『英語授業をおいしくするレシピと教材』三友社出版.

Kirschner, F., Paas, F. G. W. C., & Kirschner, P. A. (2009). A Cognitive Load Approach to Collaborative Learning: United Brains for Complex Tasks. *Educational Psychology Review*, 21 (1), 31-42.

Kohn, A. (1986, 1992). *No Contest: The Case Against Competition*. Houghton Mifflin Co. 〔山本啓・真水康樹 (訳) (1994). 『競争社会をこえて：ノー・コンテストの時代』法政大学出版局.〕

小嶋英夫・奈良之弘 (2005). 「付属中学校における英語の協同授業：協同的なグループワークで育むコミュニケーション能力とラーナーオートノミー」『弘前大学教育学部研究紀要クロスロード』9, 47-55.

Kowal, M & Swain, M. (1994). Using Collaborative Language Production Tasks to Promote Students' Language Awareness. *Language Awareness*, 3, 73-93.

Kuiken, F. & Vedder, I. (2002) The Effect of Interaction in Acquiring the Grammar of a Second Language. *International Journal of Educational Research*, 37, 343-358.

【M】

Macaro, E. (1997). *Target Language, Collaborative Learning and Autonomy*. Clevedon: Multilingual Matters.

McCafferty, S. G., Jacobs, G. M., & DaSilva Iddings, C. (2006). *Cooperative Learning and Second Language Teaching*. Cambridge: Cambridge University Press.

松畑熙一, 近藤淑子, スコット・ガードナー (2003). 「英語ライティングのピアレビューによる協同学習」『岡山大学教育学部研究集録』124(1), 29-40.

松香洋子・宮清了 (2001). *Active Phonics*. mpi.

三浦孝・弘山貞夫・中嶋洋一 (2002). 『だから英語は教育なんだ：心を育てる英語授業のアプローチ』研究社.

三浦孝・中嶋洋一・池岡慎 (2006). 『ヒューマンな英語授業がしたい！：かかわる、つながるコミュニケーション活動をデザインする』研究社.

宮下与兵衛 (2004). 『学校を変える生徒たち：三者協議会が根づく長

野県辰野高校』かもがわ出版.
宮下与兵衛ほか (2008).『参加と共同の学校づくり:「開かれた学校づくり」と授業改革の取り組み』草土文化.
森一生 (2005).「協同的な学びを目指した英語授業のアクションリサーチ」『中部地区英語教育学会紀要』35, 61-68.
文部科学省 (2008).「平成20年度・児童生徒の問題行動等生徒指導上の諸問題に関する調査」(小・中学校不登校の確定値等)

【N】

内閣府 (2011).「平成23年度『青少年のインターネット利用環境実態調査』結果について」(PDF) http://www8.cao.go.jp/youth/youth-harm/chousa/index.html (2012年3月30日検索)
Nakanishi, Sae. (2009). A Study of Lerner Autonomy through Cooperative Learning at Senior High School in Japan. 未刊行 (和歌山大学大学院教育学研究科提出の修士論文).
中西佐江・江利川春雄 (2010).「英語科における協同学習の原理と実践」『学芸』56, 37-44, 和歌山大学学芸学会.
根岸恒雄 (2010).『楽しく英語力を高める"あの手この手":教科書の扱い・歌・協同学習』三友社出版.
Nunan, D. (Ed.). (1992). *Collaborative Language Learning and Teaching*. Cambridge: Cambridge University Press.

【O・Q】

大津由紀雄 (編著) (2009).『危機に立つ日本の英語教育』慶應義塾大学出版会.
大津由起雄 (2010).「日本の学校英語教育:文法定着へ演習強化を」『北海道新聞』2010年8月21日付.
Qin, J. (2008). The Effect of Processing Instruction and Dictogloss Tasks on Acquisition of the English Passive Voice. *Language Teaching Research*, 12(1), 61-82.

【R】

Rabow, J., *et al.* (2000). *William Fawcett Hill's Learning Through Discussion: Third Edition*. Ikkubius: Waveland Press, Inc.
Reid, J. M. (ed.). (1998). *Understanding Learning Styles in the Second Language Classroom*. Englewood Cliffs, NJ: Prentice Hall Regents.
Richards, J. C. & Rodgers, T. (2001). *Approaches and Methods in Language Teaching*. Cambridge: Cambridge University Press.
Rychen, D. S. & Salganik, L. H. (Eds). (2003). *Key Competencies for a Successful Life and a Well-functioning Society*. Hogrefe &

Huber.〔立田慶裕（監訳）(2006).『キー・コンピテンシー』明石書店.〕

【S】

斉田智里（2010).「項目応答理論を用いた事後的等化法による英語学力の経年変化に関する研究」未刊行（名古屋大学提出の博士論文).

Sasaki, Toshimitsu. (2006). Advantages and Disadvantages of Ability Grouping in English Ⅱ: Through Follow-Up Research at Y Senior High School. 和歌山大学学芸学会『学芸』第16号.

佐々木隆生（2012).『大学入試の終焉：高大接続テストによる再生』北海道大学出版会.

佐藤学（1996).『カリキュラムの批評：公共性の再構築へ』世織書房.

佐藤学（1999a).『教育改革をデザインする』岩波書店.

佐藤学（1999b).『学びの快楽：ダイアローグへ』世織書房.

佐藤学（2001).『学力を問い直す：学びのカリキュラムへ』岩波書店.

佐藤学（2003).『教師たちの挑戦：授業を創る、学びが変わる』小学館.

佐藤学（2004a).『習熟度別指導の何が問題か』岩波書店.

佐藤学（2004b).『学力を問い直す：学びのカリキュラムへ』岩波ブックレット.

佐藤学（2006).『学校の挑戦：学びの共同体を創る』小学館.

佐藤学（2009a).「学びの協同体研究会講演資料」. http://www.justmystage.com/home/manabi/kenkyuukai-1/waida.pdf (2009年2月28日検索).

佐藤学（2009b).「言語リテラシー教育の政策とイデオロギー」大津由紀雄（編著）(2009).『危機に立つ日本の英語教育』慶應義塾大学出版会.

佐藤学（2009c).『教師花伝書』小学館.

佐藤学（2011).「学びの共同体＝改革の現在」(学びの共同体・夏季研究会 in 伊東　2011年8月7日) www.justmystage.com/home/manabi/K1-K/MS-1.pdf (2012年3月25日検索).

佐藤学（2012a).『学校を改革する：学びの共同体の構想と実践』岩波書店.

佐藤学（2012b).『学校見聞録：学びの共同体の実践』小学館.

佐藤雅彰著・佐藤学解説（2011).『中学校における対話と協同：「学びの共同体」の実践』ぎょうせい.

佐藤学・和歌山大学教育学部附属小学校（2011).『質の高い学びを創る授業改革への挑戦：新学習指導要領を超えて』東洋館出版社.

柴田義松（2006).『ヴィゴツキー入門』子どもの未来社.

白畑知彦・冨田祐一・村野井仁・若林茂則 (2009)『英語教育用語辞典』大修館書店.

Steven, G. M., *et al.* (2006). *Cooperative Learning and Second Language Teaching*. Cambridge: Cambridge University Press.

Storch, N. & Wigglesworth, G. (2007). Writing Tasks: The Effects of Collaboration. In Maria Del Pilar García Mayo, M. (ed.). *Investigating Tasks in Formal Language Learning*. Clevedon: Multilingual Matters.

杉江修治 (1998).「日本の協同学習の理論的・実践的展開」『中京大学教養論叢』38(4), 757-797.

杉江修治 (2011).『協同学習入門:基本の理解と51の工夫』ナカニシヤ出版.

杉江修治 (編) (2003)『子どもの学びを育てる少人数授業:犬山市の提案』明治図書.

鈴木克義 (2007)「小学校英語は協同学習で:子どもの英語力格差を埋める指導法があった!」『常葉学園短期大学紀要』38, 181-190.

Swain, M. & Lapkin, S. (1998). Interaction and Second Language Learning: Two adolescent French immersion students working together. *Modern Language Journal*, 82(3), 320-337.

【T】

多田孝志 (2003).『地球時代の言語表現』東洋館出版社.

田地野彰 (2011).『意味順英語学習法』ディスカヴァー・トゥエンティワン.

田尻悟郎 (2011).『英文法 これが最後のやり直し!』DHC.

髙旗正人 (2009).「日本における自主協同学習の開発と展開」『中国学園紀要』8, 127-135.

高旗正人 (2011).『論集 授業の社会学と自主協同学習:分析と実践』ふくろう出版.

竹下厚志 (2008).「"My English"の構築に向けた取り組み」『英語展望』ELEC, 54-61.

竹下厚志 (2008).『SELHi 研究開発実施報告書』神戸市立葺合高等学校.

竹下厚志 (2010).「協同学習を通した普通科における英語授業改革」『英語教育』7月号, 大修館書店, 17-19.

竹下厚志 (2011).「スピーキング活動につなげるインプット活動」『英語教育』7月号, 大修館書店, 14-16.

田中省三 (2009).『教え方のルール』明日香出版社.

辻伸幸 (2010).「学びの質を高める協同学習」『英語教育』 7月号 (特

集「協同学習でよみがえる英語授業」)大修館書店.
辻伸幸(2011a).「スカイ小学校との国際交流実践」.佐藤学・和歌山大学教育学部附属小学校(2011)所収.
辻伸幸(2011b).「小学校外国語活動嫌いを誘発させる要因:学習者の質的データと量的データの分析を中心に」*STEP BULLTIN*.Vol 23.日本英語検定協会.
天満美智子(1989).『英文読解のストラテジー』大修館書店.

【U・W・Y・Z】

上田敦子・駒井一仁・奥田利栄子・佐々木美帆(2006).「アクション・リサーチ:茨城大学総合英語レベル1における指導」『茨城大学人文学部紀要.コミュニケーション学科論集』19, 143-156.
植田一博・岡田猛(編著)『協同の知を探る:創造的コラボレーションの認知科学』共立出版.
涌井恵(研究代表)(2006).「協同学習による学習障害児支援プログラムの開発に関する研究」平成14年度～平成17年度科学研究費補助金(若手研究(B))研究成果報告書(電子版). http://www.nise.go.jp/kenshuka/josa/kankobutsu/pub_f/F-140.html (2012年3月26日検索).
和田玲(2009).『5STEP アクティブ・リーディング』アルク.
渡部良典・池田真・和泉伸一(2011)『CLIL(クリル)内容言語統合型学習 上智大学外国語教育の新たなる挑戦:第1巻 原理と方法』ぎょうせい.
安河内哲也(2007).『できる人の教え方』中経出版.
安永悟(2006).『実践・LTD話し合い学習法』ナカニシヤ出版.
安永悟(2012).『活動性を高める授業づくり:協同学習のすすめ』医学書院.
吉田研作(監修), 町田淳子・坂本ひとみ(著)(2012).『your world 英語テキスト』ベルワークス.
吉田太郎(2008).『世界がキューバの高学力に注目するわけ』築地書館.

おわりに

　滋賀県大津市の中学校で起こった「いじめ自殺事件」に胸を痛めながら，この「おわりに」を書いています。

　事件の痛ましさを知るにつれ，「本書を早く学校現場に届けたい」との思いを強くしました。いま学校に必要なことは，子どもたち一人ひとりが認められ，尊重され，教室を安心できる居場所にすることだからです。そのために，仲間同士が認め合い，学び合い，高め合う協同学習が必要なのです。

　英語のスキルを伸ばすことは大切ですが，スキル主義は危険です。それはあたかも，刃物の研ぎ方だけを教え，何のために使うのかを教えないようなものです。刃物を研ぐのは人を傷つけるためではなく，人をもてなす料理を美味しくするためなのです。英語を学ぶ教室においても，人と人とがつながり合う楽しさと喜びを経験させたいと思います。学び合うプロセスを通じて，仲間を大切にする心とコミュニケーション能力が育つのです。

　本書は，小学校から大学までの英語教育に協同学習を取り入れるための理論と実践を集約した日本で最初の本です。企画のスタートは2009年の8月でした。雑誌『英語教育』2010年7月号では「協同学習でよみがえる英語授業」と題した特集を組んでいただき，本書執筆陣の多くが寄稿しました。こうして，2011年の秋からは本書の本格的な作成作業に入りました。

　その執筆・編集過程もまた，編集者を交えた15人による「協同的な学び合い」そのものでした。インターネット上の

Dropboxに共有の作業フォルダーを置き、お互いの原稿を読み合いながら意見交換を重ねました。こうして何度も書き直し、文字通りの協同的な学び合い・高め合いで本書が完成したのです。

もちろん、協同学習がそうであるように、各執筆者の個性や意見の違いは尊重されています。そのため、たとえばグループ編成の仕方などは、あえて統一していません。しかし、協同的な学び合いを通じて外国語を学ぶ楽しさを教室一杯に広げ、生涯にわたって学びを楽しめる自律学習者を育てたいという思いは共通です。

本書の編集にあたっては、大修館書店編集部の池田菜穂子さんにたいへんお世話になりました。個性あふれる14人の原稿を束ね、的確なコメントをお寄せいただいたおかげで、たいへん読みやすく、まとまりのある本に仕上がりました。深い感謝を捧げます。

さあ、本書をお読みになったら、ぜひ勇気を出して、協同学習を実践してみましょう。一斉型授業では見ることのできなかった子どもたちの笑顔、真剣な学び、教室の一体感があなたを待っています。

江利川春雄 with 執筆者一同

■索引

アルファベット
ALT　140, 182, 190
"Black or White"　167
collaborative learning　7
comic strip（コマ漫画）　235
cooperative learning　7
Dropbox　163, 251
end product　209
Hi, friends!　53, 216
Humanistic Language Teaching　8
ICT　100, 134, 135, 136, 140, 143
IE (Integrated English)　184
iMovie　165
Live ムービーメーカー　165
LTD 話し合い学習法　163, **171**
Moskowitz　8
National Geographic　151, 152
Reading-Listening 方式　96, 97
Show & Tell　26, 128
story map　154, 155
STORY TIME　237
THINK-PAIR-SQUARE　59
TIME　151, 152, 153

あ
アウトプット活動　186, 191
秋田喜代美　44
合わせ読み　93
暗号シート　224, 225
生きる力　55, 122
一斉授業　3, 10, 12, 20−22, 25, 212
居場所感　13
異文化理解　137
インタビュー　60, 61
インクルージョン　28
ヴィゴツキー　15, 60
映画製作　147, 164−166
英語科授業プラン　31
「『英語が使える日本人』の育成のための行動計画」　37, 39
『英語授業をおいしくするレシピと教材』　98
英語の歌　96
英単語しりとりゲーム　21, 162, 230
英文解釈　119, 120
エキスパートグループ　33, 76, 228
江利川春雄　24, 161, 171, 206, 230
沖浜真治　102, 180, 210, 211, 213, 238
遅れがちな生徒　210
帯学習　127
帯単元　126
音楽学習　66
音楽や映画を使った授業　166
音読演習　116, 117

か
ガードナー　24
外国語としての英語（EFL）　119
格差　19, 21, 35
学習意欲　78, 79

学習動機　144
学習到達度調査（PISA）　3, 21, 37
柏村みね子　174
学級経営　87
学校公開　176
聴き合う関係　iii, 10, 11, 111
記事作成活動　150, 152
気づき　99
紀の川市立貴志川中学校　70
キューバ　206
教員の協同学習　173, 192
教科間連携　173, 184, 190, 194
教科の壁　172, 173, 174, 201
教材の質の高さ　110
教師としてのあり方　85, 86
教師の協同　16
教師の立ち位置　99
『教師のためのアイディアブック』　14
教師の同僚性　16, 18, 88, 173, 201, 213
教師の発問　129
教師の目線　99
教師の役割　99
競争　19, 21
協調学習　7
協調の技能　176
協働学習　4, 7
協同学習（定義）　6, 7, 8
協同学習での評価法　14
協同学習の基本原理　8
協同学習レシピ集　181, 182
共有の課題　13, 15, 27, 91
草川剛人　175
熊谷市立大幡中学校　90, 196

グループ替え　210
グループ活動　114
グループ作り　11
グループ討論　170
グループによる振り返り　13
グループ編成の仕方　70-73, 208
ゲーム・ボード　216, 217
研究協議会　17, 195
研究授業　198, 199, 201, 205
言語＝道具・技能説　27
研修会　201
研修計画　198
建設的な支え合い　9
公共性　5
肯定的な学校風土　172, 183
合同研修会　202
校内研修　174, 198, 199
校内研修会　182, 183
神戸市立鹿の子台小学校　67
神戸市立葺合高等学校　122, 124, 184
神戸大学附属中等教育学校　122
交流活動　135, 140
5技能統合型授業　184
「国際共通語としての英語力向上のための五つの提言と具体的施策」　39
国際交流活動　iv, 51, 138
国際理解教育　43, 54, 55
互恵的援助　127, 129
互恵的相互依存　9
互恵的な関係　74
個人学習の協同化　15, 115, 213
個人の責任　13, 127, 129, 130
個人練習　67

子どもたちの幸福度調査 4
コの字型（座席配置） 11, 12, 92, 180
コミュニケーション能力の素地 45, 49, 53

さ

座席の配置 11
佐藤雅彰 204
佐藤学 7, 9, 10, 27, 37, 44, 189, 201
三者協議会 18
ジグソー 13, 74, 75, 80, 152, 154, 227
自己肯定感 77, 79
自己紹介 126
自己評価 177
自己表現 107
静岡大学教育学部 148
自尊感情 55, 111, 217
自治能力 68, 70, 73
質問する力 127
「児童生徒の問題行動等生徒指導上の諸問題に関する調査」 76
社会形成能力 214
社会性 145
「ジャンプ課題」（「ジャンプの課題」） 53, 91, 189, 190, 191, 193, 195, 214
習熟度別授業 11, 23, 37, 38, 174
授業公開 16
授業公開週間 193
授業参観 16, 17
授業相互観察週間 175, 176, 180
授業デザイン 80, 114, 115, 198, 199, 200, 203
授業評価 161
主要能力（key competencies） 22
庄司康生 197
情報モラル教育 136, 140, 145
ジョンソン（Johnson） 8, 123
調べ学習 132
自律学習者（自律した学習者） v, 5, 8, 22, 184, 186, 187, 195, 252
人格形成 91, 98
進学校 112, 113, 116, 121
人権・平和教育 218
新自由主義 4, 39
スカイプ 51
スキーマ 151, 152, 154
杉江修治 7
スキット 186
スキル主義 251
生活記録 70
生徒とつながる活動 81
背伸びとジャンプ 5, 15, 27, 42, 74, 115, 189, 213
相互依存構造 160
総合的な学習の時間 46
創造的活動 38
ソフトな独裁者 72

た

対面的な相互交渉 127
卓越性 5
竹下篤子 67
竹下厚志 122, 214, 234
他校との連携 202

多重知能(MI)理論 24
田尻悟郎 155, 188
タスク 117, 120
田中智恵 134, 236
多文化共生社会 125
玉井健 188
チーム・ビルディング 21, 68, 162, 220
地球市民 54, 55, 122, 133
知識基盤社会 6, 22, 170
知的好奇心 43, 211
チャップリン 100, 102, 103, 109
チャンツ 223
中南米統一学力試験 206
沈黙の時間 130
辻伸幸 44, 99, 223
ディスカッション 100, 113, 122-133
ディベート 114, 186, 241
デジタル紙芝居 235
統一教材 213
統一進度 213
東京大学教育学部附属中等教育学校 102, 189
同時通訳活動 113
到達度尺度 122, 124
『独裁者』 100, 102, 103
徳長誠一 112
ドリル 207

な
中野区立第三中学校 174
入試問題 112, 115, 213, 214
人間関係形成 214
人間関係作り 9
人間関係力 iii, 162
人間コピー機 21, 162, 220
人間中心教授法 8
根岸恒雄 90, 196, 209

は
バイリンガルシート 33
バズ学習 8
八王子市立大和田小学校 56
発音 159
発音指導 82
発達の再接近領域(ZPD) 15
班学習 8
班長 71, 72, 73, 208
班長会 33, 71, 72, 73
ハンドアウト 116, 118, 120
ビクトリア州立スカイ小学校 50
評価規準 136, 137, 145
評価項目 83, 137, 212
広島県立安西高等学校 3
ビンゴ 92, 93, 96, 218, 219
ヒントカード 224, 225, 226
フィードバック・シート 176
フィードバック資料 158
フォニックス 160
富士市立岳陽中学校 3
伏野久美子 180
船津真理 29, 70, 207, 221, 226, 229
振り返り 49, 63, 185, 221, 223, 225, 228, 239
振り返りシート 221, 224
ブレインストーミング 132, 138, 209, 219
プレゼンテーション 62, 100, 113,

122−133
プレゼンテーション能力　124
ブログ　101, 135, 136, 143
プロジェクト　46−53
プロジェクト課題　15
文法・訳読教授法　118, 119
ペアワーク　114
平和学習　222, 223
平和のメッセージカード　222
勉強　19, 20
ポイント　83
宝仙女子中学校　178
ホームグループ　33, 228
北海道北見北斗高等学校　112
ホワイトボードでツイッター　178

ま

マイケル・ジャクソン　166, 168
前田香織　178
町田淳子　54, 209, 212, 217, 219, 232
学びからの逃走　19
学び直し　149, 160
学びの快楽　21
学びの基本スタイル　202, 203
学びの共同体　3, 5, 17, 43, 69, 80, 90, 91, 173, 175, 184, 186, 187, 189, 196−205
学びの共同体研究会　205
学びのピラミッド　10
マンガ　154, 155
認め合う関係　8
民主主義　5
民主主義の学校　5
無着成恭　8

村上ひろ子　184, 240
村瀬公胤　204
名訳プリーズ　104, 106, 110
メーリングリスト　163, 164
物語の協同創作活動　154, 155

や

八尾市立高美中学校　80
役割分担　75
山びこ学校　8
劉崇治　80, 212, 242
ユビキタス　135
要約文　129, 130
ヨーロッパ言語共通参照枠（CEFR）　122
予習ノート　171

ら

ライティング活動　135, 137, 141
リスニング　166
リメディアル教育　146, 148
ロン・クラーク・アカデミー　45

わ

ワークシート　104, 105
ワークショップ型　17, 183
和歌山県立和歌山高等学校　134
和歌山大学教育学部　161
和歌山大学教育学部附属小学校　44
わかりたくなる授業　120
わかりやすい授業　120
亘理陽一　41, 148
和訳　119, 120

[編著者略歴]

江利川春雄（えりかわ・はるお）

和歌山大学教育学部教授。博士（教育学）。専攻は英語教育学，英語教育史。1956年，埼玉県生まれ。神戸大学大学院教育学研究科修了。現在，日本英語教育史学会会長，神戸英語教育学会会長など。協同学習を核とした英語授業改善のために各地の研究会や学校を訪問している。

著書に，『学校英語教育は何のため？』（共著，ひつじ書房，2014），『英語教育，迫り来る破綻』（共著，ひつじ書房，2013），『学習英文法を見直したい』（共著，研究社，2012），『受験英語と日本人：入試問題と参考書からみる英語学習史』（研究社，2011），『英語教育のポリティクス：競争から協同へ』（三友社出版，2009），『危機に立つ日本の英語教育』（共著，慶應義塾大学出版会，2009），『日本人は英語をどう学んできたか：英語教育の社会文化史』（研究社，2008），『近代日本の英語科教育史』（東信堂，2006 ＊日本英学史学会豊田實賞受賞）など。

英語教育21世紀叢書

協同学習を取り入れた英語授業のすすめ
（きょうどうがくしゅう　と　い　えいごじゅぎょう）
©Erikawa Haruo, 2012　　　　　　　NDC375／xi，257p／19cm

初版第1刷──2012年11月20日
　第4刷──2014年9月1日

編著者────江利川春雄（えりかわはるお）
発行者────鈴木一行
発行所────株式会社大修館書店
　　　　　　〒113-8541　東京都文京区湯島2-1-1
　　　　　　電話03-3868-2651（販売部）　03-3868-2293（編集部）
　　　　　　振替00190-7-40504
　　　　　　[出版情報] http://www.taishukan.co.jp

装丁者────中村愼太郎
印刷所────文唱堂印刷
製本所────難波製本

ISBN978-4-469-24573-8　Printed in Japan

Ⓡ本書のコピー，スキャン，デジタル化等の無断複製は著作権法上での例外を除き禁じられています。本書を代行業者等の第三者に依頼してスキャンやデジタル化することは，たとえ個人や家庭内での利用であっても著作権法上認められておりません。